Volvió a ser *Ella* y Volvió a ser *Bella*

Rosario Salgado

II

Volvió a ser *Ella* y Volvió a ser *Bella*

feliz cumpleaños
mija que Dios
te bendiga siempre.

RS

3/27/22

Título: Volvió a ser Ella y Volvió a ser Bella

Isbn: 978-1-63895-010-3

Damas Emprendedoras Editorial

+1 (916) 308-3540

damasemprendedoraseditorial@gmail.com

Agradecimientos

Principalmente quiero agradecer a Dios por darme la oportunidad de crear esta valiosa herramienta de desarrollo personal que se convierte en apoyo para otros seres humanos.

Quiero agradecer también a mis hijos; en especial a mi hija Katherine, quien ha sido un gran apoyo durante todo mi proceso.

Agradezco a esta editorial, que me ha apoyado, guiándome con paciencia y dedicación durante el proceso de edición de este libro.

A todas las personas que han estado a mi alrededor: Hermanas, colegas, amigos, Chapman Marketing; Marimba media groups, Dennis thorp, El Sr. Andres Alvarez por su tiempo, a Charli LeNay por la sesión de fotos, a mis amigas y compañeras, que han estado ahí conmigo, y a mi primo Salomón, quien me ayudó en los momentos más difíciles y a toda mi clientela.

Dedicatoria

A todas las mujeres guerreras que han pasado por situaciones dolorosas debido a la violencia psicológica, emocional y física.

Que este libro sea una herramienta valiosa para que puedan adquirir ese amor propio que tanto necesitan...

Acerca de la autora

A través del tiempo, Rosario Salgado ha procurado preservar su paz interior mediante la búsqueda del equilibrio en todas las áreas de su vida.

Siempre se ha definido por la determinación de superarse a sí misma cada día, enfocándose hacia el logro de sus metas y sueños; es por ello que ha querido compartir su historia, con la intención de dejar un legado a sus 7 hijos, el cual está basado en enseñanzas primordiales y herramientas para la vida compiladas en este libro.

Propietaria y fundadora de Nature Slim Spa, empresa dedicada a fomentar el equilibrio entre la mente, el alma y el cuerpo, enseña a las personas que pueden cuidarse como seres humanos, desde su esencia.

Como Dr. en Medicina Alternativa y terapeuta, se dedica al área del bienestar y la salud: El control de peso, masaje post quirúrgico linfático, drenaje linfático para recuperación corporal.

Apoya también en el área holística, en casos de depresión y en la fase de recuperación, así como en situaciones conflictivas de tipo emocional o afectivo, motivando a las personas a que se ocupen en sus metas y salgan del estancamiento.

Tabla de Contenido

Introducción

En este libro he querido plasmar mi deseo de comprenderme a mí misma, más que testigo, soy el sujeto de la historia que aquí te voy a narrar; animada por la certeza de que mi vida, al igual que la de todos los seres, es una obra perfecta del Creador del Universo.

Muchas de las experiencias que no logramos comprender constituyen la ruta para desarrollar nuestra misión en esta vida; no pretendo hacer de este un libro motivacional más, sino contribuir de manera efectiva a que el mundo sea más justo y armonioso, para ello necesitamos entendernos a nosotros mismos, pues sin ese entendimiento, no es posible relacionarnos de una forma equilibrada con los demás.

Después de 14 años estudiando la Salud Holística Alternativa, sé que el origen de muchas enfermedades es nuestro estado emocional; en otras palabras: "Nuestra salud depende en gran medida de la forma como nos relacionemos con el mundo y viceversa".

Por mi consultorio han pasado personas con diferentes necesidades de salud, como Lupus, ansiedad, depresión, diabetes, artritis, problemas digestivos, exceso de peso... La mayoría se han recuperado al comprender que son los únicos responsables de su propia vida, modificando su forma de pensar.

Nunca es tarde para renovarnos; todo lo que se quiere bajo el sol tiene su tiempo, existe un tiempo para callar y un tiempo para dialogar; un tiempo para amar y un tiempo para aborrecer; un tiempo para la guerra y un tiempo para la paz... Pero, sobre todo, ¡siempre hay un tiempo para reaccionar!

"Sé tú mismo el referente qué buscas en el mundo".

Rosario Salgado

PARTE I

1. Hacia adentro...

"El mundo está colmado de posibilidades infinitas,
pero estás solo las creas desde tu interior".
Rosario Salgado

Mi nombre es María del Rosario Salgado Franco, pero mis amigos y mis seres queridos me dicen simplemente Rosario o Rosie; estoy especializada en medicina alternativa, medicina natural integrativa y homeopática, certificada como consejera en la salud emocional, y cuento también con una licencia de California. Hoy estoy aquí para compartirte mi historia como terapeuta.

Nací en Maxela, un pueblo encantado rodeado de cerros ubicado al norte del Estado Libre y Soberano de Guerrero, en México. Fui la número 4 de 6 hermanos: 5 mujeres y 1 varón, al que siempre molestábamos por ser el único niño.

Los primeros 12 años de mi vida los pasé entre el verde de sus montañas, juegos de basketball e innumerables escapadas al río al salir de la escuela; me encantaba mojarme bajo la lluvia y llenarme de lodo de pies a cabeza; subirme a los árboles y comer sus frutos, en especial el mango... ¡en una sentada podía comerme hasta 10 o más!

Fui una chiquilla muy juguetona y traviesa; mis mejores recuerdos los tengo jugando fuera de casa con mis amigos, pues perdía la noción del tiempo y del espacio, y muchas veces mi madre tuvo que pedir que me anunciaran por los altoparlantes del pueblo para poder ubicarme y regresar a casa.

Sin embargo, al igual que tantos niños de mi edad, a medida que iba creciendo me iba haciendo más consciente de la verdad que encerraban las paredes de mi hogar. Como muchas familias en México, la mía era disfuncional, y por vivir en un pueblo tan pequeño, los chismes de lo que pasaba en mi casa no tardaron en llegar a los oídos de todos. Era muy incómodo sentir la mirada acusadora de nuestros vecinos, pues nos habíamos convertido en la burla de la comunidad.

Mi papá era un hombre irresponsable y mujeriego, y para colmo también era un alcohólico ofensivo. Su madre lo abandonó cuando sólo era un niño, y su frustración creció con él hasta que se hizo adulto. Yo creo que esa era la causa principal por la que bebía.

En casa nos acostumbramos a vivir con miedo y burlas, pues cada vez que él tomaba, sabíamos que algo malo iba a pasar. Su transformación era aterradora, no medía sus palabras y mucho menos sus actos; se volvía agresivo y violento con nosotros y con quien se le cruzara en su camino.

En una de sus borracheras, intentó tirarle una silla a su propia abuela, la que lo hizo crecer a él como un hijo. Cuando estuvieron más grandes, mis hermanos tuvieron la valentía de encadenarlo y esperar a que se le pasara lo borracho, después hablaron con él para decirle que no nos siguiera haciendo eso.

Ahora, siendo consejera en la salud, he aprendido que los adultos debemos ver y evaluar constantemente lo que estamos haciendo, porque muchas veces sin darnos cuenta dañamos a los seres que más decimos que amamos; es necesario recapacitar, saber cuándo parar, y poner en la balanza qué "pesa" más.

Mi papá había arrastrado todo su trauma hacia nosotros;

15

era muy doloroso verlo transformado en ese monstruo irreconocible, porque cuando estaba en su sano juicio era un hombre creativo y sensible, excelente orfebre especializado en la joyería en plata y con varios empleados a su cargo.

Conocía y sabía manejar su negocio, sus diseños se vendían muy bien; él viajaba constantemente a la Ciudad de México para comercializar su mercancía.

Desde chiquilla siempre me gustaron los negocios; recuerdo que cada vez que mi papá iba a la capital, yo le encargaba borradores y lápices que luego les vendía a otras niñas; también vendía gelatinas de diversos sabores que hacía con la ayuda de mi abuelita, y competía con otra niña, Gaudencia (Chencha), para ver quién tenía mejores ganancias.

Mi abuelita y mi mamá han sido mi mayor inspiración; ellas no se rendían ante ninguna circunstancia, y hacían lo que fuera necesario para mantener en pie nuestro hogar. Ellas son mis ejemplos más cercanos de cómo sacar adelante una familia, aun en medio de las dificultades, por un lado, mi papá sumido sus aventuras con mujeres y en el alcohol; por el otro, mi mamá angustiada, deprimida y triste, preocupándose por todo, y en el medio mis hermanos y yo; viendo todo eso sin que nadie nos prestara cuidado y atención.

Hoy en día insisto mucho en que debemos revisar cómo nos mostramos ante nuestros hijos y qué ejemplo les estamos dando con nuestras acciones; los niños se dan cuenta de todo, y si no se les explica, ellos sacan sus propias conclusiones. Si algo no está funcionando bien, tú todavía estás a tiempo de cambiarlo y romper la cadena, evitando que se reproduzcan los mismos patrones.

En mi hogar los adultos estaban muy ocupados resolviendo sus propios conflictos y no reparaban en los detalles verdaderamente importantes; fue así como a mis 7 años fui abusada sexualmente por un familiar cercano en donde mis padres me dejaban para que "me cuidaran".

Mi intención al confesar este oscuro secreto es darle luz al resto de mis días; vivir esa atrocidad siendo una niña indefensa fue algo que yo no elegí, decidí mantener viva la conciencia de ese hecho para hacerme más fuerte; sin embargo, pienso que ya es tiempo de abrir las puertas para

17

que el horror pueda marcharse.

Después de ese hecho terrible, entré en una gran depresión; las noches se me hacían interminables, los recuerdos eran recurrentes y cambié completamente, me convertí en una niña muy callada e introvertida, me puse una coraza, me alejé de todos y no permitía que nadie se me acercara.

Sentía que nada valía la pena, y que todo alrededor de mi estaba sucio; pasaba horas y horas en el río lavando mi ropa para drenar todas las emociones que debía reprimir, pues no quería que nadie se enterara de lo ocurrido.

Los únicos momentos en los que me sentía segura y en paz era al lado de mi abuelita; iba a su casa para que me rezara, pues escucharla me hacía sentir mucha tranquilidad y podía dormir. En sus palabras siempre había algún elemento mágico que me ayudaba a vencer la ansiedad; escucharla decir que la belleza de los seres humanos venia de su esencia y no de lo material que poseían, me llenaba de fortaleza. Sin saberlo, ella me estaba ayudando a poner en orden todo mi caos interior.

No fue sino hasta mis 15 años que logré tener ayuda especializada; es algo con lo que he aprendido; en lugar de aparentar que no me afecta, incluso hoy en día, lo utilizo de manera creativa ayudando a otras personas que pasan por algo similar.

Busqué la ayuda en Dios y me hice una fiel creyente; Él puso Ángeles en mi camino, para que me brindaran soporte en los momentos cruciales, y sin duda alguna mi abuela era uno de ellos. Buscando refugio en ella, me encontré de pronto en un universo armonioso que durante los siguientes 5 años de mi vida me llenó de consuelo y alegría.

Maxela es famoso por sus pinturas en papel amate; son como pergaminos que se extraen de la corteza del árbol de jonotes, en ellos se plasman con gran colorido las historias de nuestro hermoso pueblito, como la faena en el campo, las aves, sus paisajes, la vida cotidiana de sus habitantes, las corridas de toros, las piñatas, bodas, etc.

Mi abuela había heredado esas prácticas de sus antepasados, y era una representante insigne de la cultura de Maxela; ella viajaba con sus obras de arte hasta la ciudad de Taxco, una de las ciudades más bellas de todo México, y ahí las vendía.

19

Mi papá había dejado de hacerse responsable de nosotros; sólo contábamos con mi mamá y mi abuelita, pero ella ya tenía una edad muy avanzada y estaba muy enferma.

Un día, al llegar a mi casa, mi mamá me esperaba con la noticia de que debíamos empacar nuestras maletas porque mis hermanas y yo nos iríamos a vivir a los Estados Unidos.

Ni siquiera tuve tiempo de reaccionar o despedirme de mis amigos, mi mamá había firmado un contrato y debía viajar al país de Japón por 3 años; no podía dejarnos en México, ya que no contábamos con nadie más, y por eso debíamos partir del pueblo.

Fue algo muy impactante para mí, porque yo no quería salir de mi pueblito, pero cuando eres niño muchas veces no tienes derecho de elegir lo que quieres, ni mucho menos dónde y con quién quieres estar. Yo debía acatar las órdenes de mi madre.

Llegamos a U.S.A. en marzo de 1992; entramos sin papeles, como muchos inmigrantes ilegales, tuvimos que separarnos mis hermanas y yo. Aqui en U.S.A. Fuimos cuidadas por familiares: Mi Tío Padre, mi prima hermana y mi hermana mayor.

Recuerdo que yo crucé caminando, como si nada, junto a un grupo de niñas de una escuela, me llené de valor para actuar sin miedo; tal vez por eso nadie me prestó atención y pude lograr cruzar la frontera sin problema.

Cliente: María Dolores León.

"Conozco a la Dra. Rosario Salgado desde hace 13 años. Supe de sus terapias por un familiar cercano; en aquel entonces me había desgarrado una rodilla en mi trabajo; además, estaba sufriendo de dolor en el nervio ciático. Decidí tratarme con la Dra. Salgado, a pesar de que antes había ido con otros especialistas y no había visto mejoría. Ella me sugirió un tratamiento, junto con terapias durante 4 semanas continuas, después de lo cual sané completamente. Hoy en día, me siento tranquila de saber que toda mi familia está en manos de la Dra. Rosario".

2. Más allá de una ilusión.

"Si sanas tu interior darás luz a toda la belleza que te habita".

Rosario Salgado

Unos días antes de cumplir 15 años conocí a quien sería mi compañero durante mucho tiempo; para ser exacta, 23 años de matrimonio y 2 de novios.

En ese entonces, una amiga de la escuela me lo presentó; me dijo que alguien estaba interesado en conocerme; mientras hacía mis prácticas de fútbol, ella me llamó para presentármelo; él, se acercó y me extendió su mano, pero yo estaba muy ocupada jugando en ese momento, así que fue un saludo muy rápido, no porque yo quisiera ser grosera o arrogante, sino porque mi experiencia en ese tipo de situaciones era prácticamente inexistente, ya que nunca había tenido novio.

Él era amigo del novio de mi amiga, así que comenzamos a coincidir en algunos encuentros que cada vez eran más seguidos; él me explicó que me había estado siguiendo durante 4 meses, buscando todo tipo de información sobre mí; si tenía novio o si andaba con alguien, qué hacía, qué lugares frecuentaba…

Sin darnos cuenta, comenzamos a tener una relación, pero fue un inicio con muchos tropiezos; él era 8 años mayor que yo, él ya había tenido otras relaciones, además bebía mucho. Los desencuentros se hicieron cada vez más evidentes, discutíamos por todo, por lo que valía la pena y lo que no, estar a la defensiva se convirtió en nuestro estado normal.

Muchas veces llegué a casa llorando; me veía reflejada en mi mamá, y eso era exactamente lo que menos quería; comencé a sentir una gran necesidad de alejarme, quería tomar distancia ante situaciones que se hacían cada vez más frecuentes, pero al mismo tiempo seguía alimentando mis esperanzas de que nuestra relación mejoraría.

Yo había comenzado a trabajar desde mis 15 años, y todo lo que ganaba se lo daba a mi mamá; le contaba los problemas con mi novio, pero ella me regañaba diciéndome que yo no podía terminar mi relación, porque según sus costumbres eso no era bien visto por la sociedad, porque él había hablado ya con ella para pedirme como novia oficial.

En vez de ayudar, muchas de estas tradiciones nos perjudican; me sentía muy presionada, porque a partir de haber aceptado ser novia oficial yo ya no podía salir a ningún lado sin la autorización de él o de mi madre.

Cansada de esa situación, un día tomé todo el dinero que me habían pagado en el trabajo y me regresé a México; necesitaba liberar todas las tensiones y el estrés que tenía acumulado dentro de mí.

Tomé la decisión de irme a México con una cuñada de él, le pedí el favor de quedarme con ella unos días y después seguiría mi camino hasta mi pueblo. Cuando llegamos a su casa, mi sorpresa fue encontrarme con la madre de mi novio; nunca supe si fue planificado o si se trató de una jugada cruel del destino.

Era una señora con un semblante muy fuerte, me causaba miedo solo con verla, y no había escuchado buenos comentarios acerca de su forma de relacionarse con la demás gente, todos me decía que me preparara, que seguramente me trataría mal y tendría que aguantarla, sin embargo, a mí me trató muy bien; me costaba creer que era todo lo contrario a lo que me habían dicho.

Me quedé en México durante 2 meses y luego volví a los Estados Unidos, mi regreso era un acertijo, pues mi novio me esperaba y al poco tiempo me pidió casarme con él. Muy en el fondo yo sabía que no quería casarme, pues ya había conocido su relación con la bebida y había visto cómo su actitud cambiaba radicalmente.

Por si fuera poco, él me contó que tenía una hija de una relación anterior, una semana antes de casarnos, para ese entonces yo tenía 17 años, con todos esos factores en contra, aun así, me casé, porque en el fondo estaba enamorada de él.

En ese entonces mi prometido estaba en proceso de gestionar sus documentos, y por esa razón no podíamos casarnos por el civil y nos fuimos directamente a la ceremonia eclesiástica.

Siendo menor de edad, fue necesario que mi mamá diera su autorización; 22 años después me enteraría de que nuestro matrimonio no era válido, pues nos habíamos casado en una iglesia que no pertenecía a una diócesis, pero en aquel momento nada me hizo sospechar, yo simplemente confiaba en él, unirnos en matrimonio religioso significaba para mí una declaración de compromiso y aceptación mutua, la realización de mi ideal de amor.

Las bases de una relación son la confianza y la transparencia del uno al otro, los problemas surgen cuando las personas se reprimen para aparentar ser alguien distinto, después la convivencia saca las verdades a la luz. Si decides apostarle a una relación, no tengas miedo de mostrarte tal cual eres, con tus virtudes y tus defectos, y sobre todo, no temas expresar lo que realmente sientes o deseas.

Alguna vez escuché que el matrimonio es una vocación, una llamada personal de Dios, sin embargo, muchos se quedan estancados ahí, pues la pareja funciona como un espejo, reflejando aspectos desconocidos de cada uno, sólo que cuando no nos vemos reflejados en el otro, surge la frustración.

Quedé embarazada a los 9 meses de casada, y en ese punto tenía muchos sentimientos encontrados, durante los primeros meses yo continué con mi trabajo, pero al tiempo tuve que dejarlo, pues según mi esposo, era lo mejor, ya que así podría dedicarme al cuidado del bebé a tiempo completo.

Por supuesto que eso era importante para mí, pero por otra parte, sentía que mis sueños personales se desvanecían.

Siempre había soñado con formar una familia, pero eso es mucho más que vivir bajo el mismo techo; es amar, sentir, escuchar, comprender, ser pacientes... todo esto en forma recíproca. Todos deseamos un matrimonio para toda la vida, pero esto no significa subyugarse a una persona.

Llegué a pensar que el amor era un espejismo, que en realidad nos enamoramos para escapar de nosotros mismos, porque no nos atrevemos a estar solos.

A mis 18 años nació mi primer hijo, George, y a mis 21 quedé otra vez embarazada de mi segundo hijo, Anthony, la maternidad me hizo inmensamente feliz, y al mismo tiempo me daba la capacidad de asumir ese gran compromiso siendo aún tan joven. Sin embargo, fuera de mis responsabilidades de mamá y ama de casa, sentía un inmenso vacío; mi marido continuaba bebiendo, y aunque yo sentía la necesidad de hacer algo, estaba desorientada y no tenía nada de dónde aferrarme.

Él aportaba para los gastos que consideraba necesarios, pero muchas cosas se quedaban por fuera de ello, según él, las frustraciones se acentuaban cada vez, pero en el fondo agradezco que haya sido así; de lo contrario quizás me hubiese vuelto co-dependiente, me hubiese sentido muy cómoda y no habría tenido la necesidad de salir a trabajar.

En cuanto mis niños estuvieron en edad de ir a la escuela comencé a buscar trabajo, conseguí una oportunidad en el negocio de la venta de cristales para el hogar; de esa manera no sólo generaba recursos económicos, sino también estaba recuperando mi pequeño espacio personal. El único inconveniente era que a veces surgían presentaciones fuera del horario de la escuela de mis niños, teniendo que llevarme a mis hijos conmigo. En ocasiones tuve que decidir entre asistir o cancelar.

Mi esposo nunca quiso enseñarme a conducir ni me permitió aprender; siempre me decía que me estaba protegiendo, porque no quería que me fuera a pasar algo. Movilizarme con los pequeños era complicado, por lo que yo siempre dependía de que alguien más pudiera llevarnos, en más de una ocasión tuve que desistir y llorar porque perdía oportunidades.

En esos días surgió una presentación importante para un cliente al que le habíamos vendido 750 dólares en cristal para el hogar; ese momento para mí representaba un buen negocio y yo necesitaba de esos ingresos, pero no encontraba a nadie que me pudiera llevar.

Me senté y me detuve a pensar: *"nuestro auto estaba en la cochera, y yo siempre había prestado atención a todo lo que hacía mi esposo cuando conducía; por otra parte, simplemente no podía faltar a ese compromiso"*... Guardé los cristales en la maletera, puse a Anthony en el portabebés y senté a George a su lado; pidiendole a Dios:

—Perdóname... esto lo hago por una buena causa.
Prendí el vehículo y lo eché a andar.

Estaba temblando de pies a cabeza y empapada en sudor; me estaba enfrentando a mi miedo y al tráfico automotor sin ninguna experiencia, pero lo que más me asustaba era pensar en cómo iba a reaccionar mi marido cuando se enterara; sin embargo, a medida que avanzaba, el temor se convirtiendo en valor y emoción.

Pensé: "¡No era tan complicado como me lo había imaginado!"

Y comencé a reírme; cada vez me sentía más segura, y sobre todo orgullosa de mí misma. Cuando llegué al lugar, hasta me pude estacionar; hice mi presentación y vendí más de $1,500, pero además había recuperado mi poder personal, y eso no tenía precio.

Todos estaban impactados, en especial yo; era una sensación maravillosa.

Puede parecer una anécdota curiosa, pero para mí fue mucho más que eso: Esa decisión marcó un antes y un después en mi vida, porque descubrí que podía ir más allá del miedo.

Al llegar a casa, encontré a mi esposo muy enfadado. Sólo le dije:

—Ya fui y vine.

Pero en el fondo, me sentía con resentimiento hacia él; muchas veces le había pedido que yo necesitaba aprender a conducir, pero él insistía en que era arriesgado, que había muchos policías, y bla bla bla...

Ese día me di cuenta de que él me decía todo eso por su bien, no por el mío; era evidente que me estaba manipulando para mantenerme siempre sometida a su voluntad y control.

Lo que él llamaba "protegerme" no era más que la evidencia de su propia inseguridad; tenía miedo de que yo me volviera independiente; no es malo ser independiente, claro está, siempre manteniendo presente el respeto por ambos lados

---

Cliente: Diana Ávila.

"Conocí a la Dra. Rosario cuando publicó en una revista en la que yo trabajaba; en ese entonces yo estaba sufriendo de inflamaciones y sobrepeso. Ver su dedicación en el área de la salud me motivó a buscar sus servicios.

He recibido de ella numerosas sesiones de masajes que me han ayudado a recuperar mi peso y a depurar mis sistemas. También me ha orientado en cuanto a la alimentación y el estilo de vida.

Anteriormente había acudido a otros terapeutas, pero con Rosario he percibido que sus diagnósticos son muy acertados, por lo cual me he mantenido asistiendo a sus consultas periódicamente, durante los últimos 11 años".

3. El apego

"La vida es fluir; por eso procura mantener tus manos y tu alma libres de ataduras".

Rosario Salgado

A partir de ese día, tomar el coche para ir incluso a las citas del doctor se convirtió en mi mayor aventura, el resto, mi vida se reducía a lo que el mundo llama lo rutinario: encargarme de nuestra pequeña casa, atender a mi esposo y a mis hijos, llevarlos a ellos al kínder.

Sin embargo, en mi trabajo de ventas me reconectaba con mis callados sueños y aspiraciones, siempre me esmeré por ser mejor, y hasta llegué a organizar mi propio grupo de ventas. Fue entonces cuando quedé embarazada de mi hija Katherine, y para esto fue necesario aminorar la marcha de mis proyectos personales.

Fue entonces cuando mi esposo me dijo que quería emprender su propio negocio; desde que lo conocí, él siempre se había dedicado a la carpintería, y además hacia algunos trabajos eventuales como repartidor de pizzas, pero ahora estaba emocionado con la idea de empezar a hacer trabajos

33

por su cuenta. El dinero que él tenía no le alcanzaba para adquirir las herramientas que necesitaba; yo tenía alrededor de 6000 dólares invertidos en mercancía y estaba dispuesta a apoyarlo, pues me sentía feliz de verlo entusiasmado.

En una ocasión el trabajo se detuvo porque él estaba necesitando una herramienta que no tenía; era un día de mucha lluvia, pero eso no me detuvo: tomé parte de la cristalería y salí. Fui a hablar personalmente con cada una de mis clientas; hice un ajuste en los precios vendiendo la mercancía con un margen de ganancia muy pequeño, y pude reunir en ese momento $750 dólares. También vendí el oro que mi mamá me había dado al casarme, recuerdo que estando embarazada, a punto de aliviarme, muchas veces lo ayude en hacer sus gabinetes y otras tareas menores que no requerían esfuerzo físico, como lijar, colocar sellador, entre otras cosas.

Cuando nació mi hija Katherine, nos mudamos de domicilio, y un año después de tener a la niña quedé embarazada por cuarta vez, de mi hijo Jessie.

Él pudo cumplir su sueño de traer a mi suegra para que se quedara con nosotros por un tiempo; me daba alegría la idea de hacer sentir feliz a mi esposo, pero cuando ella llegó, todo fue muy distinto a nuestro anterior encuentro en México; todo lo negativo que siempre había escuchado sobre ella salió a relucir en todo su esplendor: ahora la veía convertida en una persona agresiva, arrogante y grosera que me ofendía y maltrataba en mi propia casa.

Durante todo mi cuarto embarazo me la pasaba llorando; me sentía enferma, decaída y sin ánimos para hacer nada. Los médicos que me diagnosticaron diabetes gestacional me sugirieron que procurara evitar las tensiones y el estrés, pero la situación en mi casa era insoportable, entre la hostilidad de mi suegra y las desapariciones nocturnas de mi marido, que cada vez se hacían más frecuentes y sin que yo recibiera ninguna explicación.

Me sentía terriblemente mal, pero no podía dejar de batallar, pues mi hija Katherine apenas tenía un año.

Al nacer Jessie, nuestro cuarto hijo, hice mi primer intento de separarme de mi marido; nuestros amigos en común nos insistían para que intentáramos salvar nuestro matrimonio, pero aun así estuvimos alejados por unos meses. Me fui a vivir a casa de mi hermana, y seguí vendiendo productos para el hogar para mantenerme ocupada. Después de la diabetes gestacional empecé a presentar constipaciones y me desmayaba frecuentemente; tenía anemia, pero en aquel momento no sabía nada de nutrición.

Durante todo ese tiempo mi esposo no dejó de insistirme para que volviera, prometiéndome un sinfín de cosas que, según él, iban a cambiar; finalmente se salió con la suya, pues yo terminé regresando a mi casa. Abrigué la esperanza de que las cosas cambiaran y nuestra relación pudiera sanar.

De más está decir que todo siguió siendo como siempre, excepto porque al poco tiempo quedé embarazada nuevamente, esta vez de Nicole, mi quinto retoño.

Me dediqué a vender productos de belleza por catálogo y organicé mi propio grupo de ventas, pues la superación y el éxito de las personas eran cosas que me hacía vibrar; muchas veces me topé con mujeres desesperadas y me gustaba ayudarlas, demostrarles que sí se podía; las convencía de vender los productos y así tener ingresos para que pudieran organizar sus vidas.

Sin embargo, aunque en el trabajo me iba muy bien, yo sentía que algo me faltaba, empecé a cuestionarme, no estaba segura de estar haciendo lo que realmente quería hacer ni de ser la persona que deseaba ser. Tenía 28 años y había subido mucho de peso, no estaba haciendo nada para mantenerme sana, aun cuando era consciente de que debía cuidarme.

Todos tenemos diferentes formas de expresar nuestros sentimientos y emociones. Un día, mi hermana me llamó para informarme que mi mamá llevaba más de dos semanas con vómito y diarrea; cuando la llevaron al hospital, los médicos le diagnosticaron una infección en el estómago, junto con la diabetes e hipertensión, y coincidieron en que su cuadro era muy delicado.

Mi madre llegó caminando al hospital; ella iba con síntomas de vómito, pero allí le suministraron un antibiótico tan fuerte que tuvo un efecto devastador en su organismo, le generó quemaduras de tercer grado en la piel por el antibiótico.

Literalmente, el remedio fue peor que la enfermedad, en un lapso de 8 horas ya se encontraba en Cuidados

Intensivos, junto a los pacientes de alto riesgo, y allí pasaría los siguientes 3 meses.

Durante todo ese tiempo tuvimos que cuidarla día y noche, no sólo por las enfermedades que padecía, sino también por los efectos secundarios de los antibióticos: la vigilia a su lado se convirtió en un acto sagrado. En tales situaciones, las emociones nos abruman, las acciones más sencillas se dificultan y comenzamos a llenarnos de dudas, queremos saber si estamos haciendo lo correcto, si es suficiente no tener más que una palabra, un gesto compasivo y sutil, un aliento de esperanza, una mirada cómplice.

Esos tres meses marcaron muchos cambios significativos en mi vida, pues me permitieron hacer una retrospectiva, verse hacia adentro y tomar consciencia de mis propias circunstancias; mi madre luchaba por recuperarse y salir victoriosa de ese trance, pero me llenaba de impotencia verla sufrir y deteriorarse cada día más.

Ahora que he estudiado tanto la holística, la medicina alternativa, las patologías, la anatomía y cómo funciona el cuerpo humano, entiendo que su organismo era como una bomba a punto de estallar: llevaba mucho tiempo enferma y nunca se había tratado; la diabetes ya había dañado todos sus órganos, y estaba muy expuesta. Si no hubiera sido el antibiótico, cualquier otra cosa la hubiera matado.

Ninguna muerte es necesaria, y no hay una manera correcta o incorrecta de aceptar la muerte. Sólo agradezco a Dios el haber podido estar con mi madre día y noche hasta su último día.

Antes de morir me pidió:

—No esperes que haya una emergencia para ir al médico, prométeme que vas a buscar tu salud y la de tus hijos, y sobre todo, que no usarás fármacos.

En aquel momento pensé que lo decía por la complicación que le ocasionó el antibiótico, pero ahora lo veo desde otra perspectiva, gracias a la experiencia que tengo conociendo el cuerpo humano entiendo lo que ella me estaba pidiendo.

A diferencia del resto de mi familia, a mí me correspondió acompañarla por más tiempo, además de ser quien tenía la comunicación directa con el equipo de médicos en el centro hospitalario. Tal vez Dios me estaba preparando para mi misión en la vida: dar asistencia y ayuda a otras personas; sin embargo, no deja de ser una prueba de fuego para cualquiera, lidiar con la impotencia de ver cómo tu ser querido se va y no puedes hacer nada. Esos difíciles momentos requieren de un trabajo en equipo que se debe hacer como familia, para que la persona que está viviendo ese proceso pueda sentirse acompañada; sin embargo, no deja de ser una prueba de fuego para cualquiera.

Mi mamá había llegado a un punto en el que no se movía, no comía, no tomaba líquidos; sus ojos estaban cerrados. Estaba aquí, pero a la vez no, solo íbamos a verla y a esperar en silencio a que Dios hiciera un milagro.

Una mañana mi hermana me habló; me dijo que había llegado el momento de decidir cómo queríamos que muriera mi madre, si con morfina o con el inhalador, pues el inhalador podía ayudarla o no, e incluso podría experimentar dolor, mientras que con la morfina no había duda de que podría irse en paz.

Conversé con mis hermanos, y decidimos que se fuera en paz con la morfina; fue algo impactante; ese día entendí que lo que llamamos "una muerte tranquila" puede significar algo diferente para cada uno de nosotros.

Mientras la inyectaban, yo tenía la mirada fija en una imagen de la Virgen María que estaba en una esquina, la cual sólo yo podía verla; de un momento a otro comencé a hablar en un idioma que nadie conocía (algo que algunos llaman "hablar en lenguas"), y en ese momento mi madre expiró. Fue algo inexplicable.

Solamente cuando hemos pasado por este tipo de procesos entendemos el valor que tiene la salud, lo importante que es prevenir y no esperar a que algo pase o a que sea demasiado tarde, desafortunadamente la mayoría de nosotros actúa sólo cuando el dolor se manifiesta, y nunca prevenimos, sino que esperamos a que se manifiesten los síntomas.

Si comprendiéramos el valor que tenemos como seres humanos y lo valiosa que es nuestra salud, no esperaríamos a que nos pase algo para cuidar de nosotros mismos; he lamentado segundo a segundo no haber tenido en ese entonces las herramientas que tengo hoy, porque estoy segura de que hubiera podido hacer mucho por mi madre. No olvido el dolor reflejado en sus ojos cada vez que la pasaban de una cama a otra, cómo gritaba cuando apenas la rozaban...

Verla en ese estado hizo que yo tomara conciencia de todo lo que estaba mal con respecto a mi salud, y al mismo tiempo me ayudó a valorar mi vida, mi cuerpo, el hecho de tener todas mis funciones motoras intactas, el simple acto de poder estar sentada tomando un vaso de agua; ¿qué no habría dado mi mamá por tener alguna de esas cosas, aunque fuera sólo por un segundo?

Luego de la muerte de mi madre, mi familia comenzó a cuestionarme, nadie (ni siquiera yo...) sabía qué era lo que yo había dicho cuando hablé en aquella lengua extraña... Sin embargo, todos fueron testigos.

Estaban fuera de onda porque me veían tranquila; esa ha sido siempre mi forma de ser y reaccionar ante ese tipo de situaciones, pero no significaba que por dentro no sintiera el dolor de la pérdida, de hecho, yo no lloraba, pero seguía comiendo de forma desenfrenada.

Todos tenemos distintas maneras de expresar nuestros sentimientos y emociones, y yo lo hacía a través de la comida, mientras todos lloraban, yo comía, mientras todos se molestaban, yo comía, mientras todos estaban tristes, yo comía...

Por esos días, mi hermana tuvo una presentación de productos naturales, y uno de mis ángeles, la señora Bertha, una mujer maravillosa me habló por primera vez del Dr. De La Torre, y de la posibilidad de asistir a unas clases de nutrición y salud mental con él, pero yo no tenía el dinero para pagar y sabía que mi esposo no me iba apoyar, al contrario, me dijo que seguro se trataba de una estafa y que me iban a quitar el dinero.

Sin embargo, la semilla de la inquietud ya había germinado en mí, comencé a leer todo aquello que me formara y me educara, continuaba con mi trabajo en ventas, pero no dejaba de sentir que algo me faltaba, quería honrar la promesa que le había hecho a mi madre, y un año después de su muerte, me aventé y comencé por fin a estudiar con el Dr. De La Torre, a quien le tomé mucho aprecio.

El doctor De la Torre me educó con entereza, era bastante fuerte y muy criticado porque a la gente no le gusta la disciplina. Él decía que si llegabas media hora antes, llegabas a tiempo; pero si llegabas 5 minutos antes, ya era tarde. Eso y muchas cosas más que aprendí me ayudaron a replantearme mi vida; muchos lo criticaban desde la inconsciencia, pues no veían sus enseñanzas como algo positivo, sino como una ofensa. Muchas veces estamos en negación de nuestro propio beneficio.

Entonces, empecé a descubrir cómo sanarme a mí misma y a los demás con procedimientos naturales; por fin yo estaba reconociendo el valor que tenía mi vida y cuál era mi misión en este plano, me di cuenta del alto nivel de inconsciencia que sufrimos en la actualidad debido a que no sabemos cómo mantener nuestra salud; hemos olvidado lo importante y valiosa que es nuestra vida y cómo estar en armonía con nuestro ser.

En ese entonces yo tenía 29 años y estaba recién aliviada de Nicole; en mi libro de notas seguía trabajando con los productos de belleza y durante ese tiempo estaba embarazada de Diego; para esos días una de mis clientas me había hecho un pedido, así que fui a llevarlo a donde ella me indicó, era una especie de escuela para terapeutas, y mi mayor sorpresa fue que apenas entré, ella se me acercó y me preguntó si yo quería ser su modelo en una clase de masajes para embarazadas.

Inmediatamente acepté, yo nunca había recibido un masaje en mi vida, no tenía idea de lo beneficioso que era, me gustó tanto que me ofrecí para seguir siendo su modelo en las siguientes clases, pero la instructora me respondió:

—No sólo puedes venir como modelo; si quieres aprender, eres bienvenida. Te invito a que aprendas el arte de la mesoterapia.

Sentí que el Universo me estaba mostrando la ruta, y entusiasmada le dije que sí, aún no sabía cómo iba a hacer para convencer a mi esposo, pero la decisión ya estaba tomada, iba a aprender a dar masajes terapéuticos.

Cliente: Andrea Maldonado.

"Conocí a la Dra. Rosario Salgado desde hace 3 años, durante mi primer viaje a California. Era mi cumpleaños, y como un regalo de Dios supe de las terapias de la Dra. Salgado; siempre me sentí atraída por la medicina natural, porque estoy convencida de que la sanación está dentro de nosotros mismos; es algo mágico.

Necesitamos reconectar con la naturaleza, regresar a ella para regenerarnos de nuevo, y eso es precisamente lo que ella hace en su gran ministerio. Pienso y siento en mi corazón que hasta el último día que ella esté aquí, luchará por ese sueño tan grande que Dios tiene y que es exacto y perfecto para ella.

Mi cuadro de salud era bastante complejo: anemia, sobrepeso, ansiedad. Todo estaba entrelazado, yo había intentado todas las vías posibles: Hospitales y especialistas en medicina convencional, al principio sus tratamientos me aliviaban, pero cuando dejaba de tomar los medicamentos, volvía a lo mismo. Estaba desesperanzada y no sabía qué creer, pero por fortuna me encontré con la Dra. Salgado en el momento perfecto, y sentí que había esperanzas, no solo para mí, sino para todas las personas que estuvieran pasando por lo mismo que yo. La Dra. me dio una dieta que he mantenido hasta el día de hoy, junto con un tratamiento de probióticos, yodo, un kit para bajar de peso. También me ha ayudado a superar crisis emocionales (ansiedad y ataques de pánico). Me ha tratado con aromaterapia, aceites, aguas aromáticas; además, me ha escuchado y aconsejado.

Con su ejemplo, la Dra. Salgado me ayudó a caer en la consciencia del amor propio, del cuidarme, del saber que yo puedo ayudarme si me dejo ayudar. El bienestar que he sentido después de sus terapias es indescriptible; yo le digo magia, pero en realidad es medicina; es naturopatía".

4. Escuchando al corazón.

"Mírate al espejo y sonríe. Al sonreír estás agradeciendo mucho más cada pálpito de vida".

Rosario Salgado

Cuando terminé por primera vez me otorgaron mi certificación como Consejera en Salud Alternativa y Nutrición, pero me faltaba dinero para para cubrir los gastos de la graduación; en total eran unos 850 dólares, entre documentos, la toga, el birrete, el acto de graduación, ¡en fin! un montón de cosas, y yo estaba en una condición complicada, sin trabajo, y sin poder contar con el apoyo de mi marido.

Una de las encargadas del instituto me dijo que no podría graduarme, y me llené de tristeza, le hablé a una amiga para que me prestara un vestido y unos zapatos, con eso ya había solventado una parte del problema, pero aún no tenía el dinero para pagar la graduación.

Un día antes, abrí mi correo y había un cheque de $855, proveniente de las ganancias residuales de mis ventas de productos. ¡Ahora me sobraban 5 dólares!

Ahora sí, ya estaba preparada para la graduación. Llamé al Dr. De La Torre para decirle que ahora sí estaba segura de que iría a mi graduación, y él me respondió:

—¡Excelente! No llegues tarde, porque eres la segunda mejor de tu clase y vamos a darte un reconocimiento. ¡Y no olvides traer al inútil de tu marido!

Por supuesto que mi marido no quería ir, aceptó a regañadientes, pero incluso el día de mi graduación él seguía diciendo que todo eso era una estafa, una pérdida de tiempo, que nada de eso servía y demás opiniones negativas, su egoísmo no le permitía ver las cosas mucho más allá de sus propias narices, ni mucho menos pensar en lo que era importante o no para mí.

Al llegar al lugar de la ceremonia, me esperaba mi amiga con el vestido y los zapatos que me iba a prestar; después del acto protocolar empezó la entrega de reconocimientos; el Dr. De La Torre anunció que iba a reconocer a las dos mejores estudiantes, y cuando me llamó al escenario, exclamó:

—Rosario Salgado, una mujer incansable que ha luchado por hacia adelante, a pesar del marido cabezón que tiene.

49

Entre risas y aplausos de las personas de la audiencia, me paré para recibir el reconocimiento, hubo festejos y mariachis, y para mí fue inevitable llorar. Me sentí muy bien de haber cumplido esa meta, llegué a pensar que no iba a poder asistir a mi graduación, pero descubrí que cuando estás en el propósito, puedes lograrlo.

Terminó el acto, y yo seguía esperando de mi esposo algún reconocimiento... un gesto; una palabra... pero nunca ocurrió, en cambio mi hijo mayor me esperaba con los ojos llorosos; él no iba muy bien en sus estudios, y en ese momento me abrazó diciéndome que se sentía avergonzado de que yo, sin un trabajo y batallando con mis niños, había logrado graduarme, además con honores.

Yo sólo le respondí:

—No llores mi amor, porque tú también puedes lograr todo lo que te propongas; lucha hasta el final por tus sueños, y sobre todo, no se los cuentes a nadie, porque a veces las personas te desvían de tus objetivos.

Más allá del título, lo más importante para mí fue mi propio proceso personal, todo lo que tuve que superar en mí misma para lograr mi objetivo. De nada te sirve ir a la universidad si tú mismo no valoras el esfuerzo que estás haciendo, no importa qué tan prestigioso sea lo que estás haciendo, nadie más que tú le puedes dar el valor y el respeto que merecen tus propias cosas.

A menos que abandones tu personalidad, no serás capaz de encontrar la individualidad que necesitas, simplemente, nos convertimos en una oveja más del rebaño, incapaces de movernos libremente, con nuestra propia y verdadera identidad.

Por eso te digo: **¡es el momento de salir de los condicionamientos culturales que solo nos traban nuestro crecimiento!**

Es verdad que mi esposo cubría gastos de la casa, pero no me apoyaba en nada de lo que yo quería hacer, a menos que él lo aprobara y me otorgara el permiso, pero eso nunca pasaba. Me mantenía en un constante estado de ansiedad, siempre pensando que él se podía molestar por cualquier cosa que yo estuviera haciendo, a pesar de que mis emprendimientos y proyectos eran para beneficio de todos, no solo para mí.

Mi esposo ya tenía una trayectoria con su trabajo, pero aun así, frecuentemente hablaba de abandonarlo, porque no soportaba a sus clientes; en esos momentos yo lo apoyaba, le daba aliento diciéndole que todo era cuestión de actitud y que en todas partes hay problemas, que no se retirara de lo que tanto esfuerzo nos había costado.

En medio de mis intentos por desarrollarme cada vez más como terapeuta y ser humano, conocí a otro de mis ángeles: la señora Ruth. Ella me ayudó a pagar mi primer seminario de Landmark, una compañía que ofrece programa de mejoramiento personal, que me ayudó a comprender la relación entre nuestra mente y la prosperidad.

Con el deseo de que mi esposo y yo estuviéramos en la misma página, decidí después extender la invitación tanto a mi suegra como a mi marido; ella tenía una venta de paletas y elotes, y él seguía con la carpintería, y el seminario los motivó a echarle más ganas a sus negocios. En poco tiempo triplicaron sus ganancias.

Comenzamos a trabajar para la Iglesia; mi esposo dejó de tomar por 8 años, fue una decisión admirable, y hasta parecía otra persona. Después de estar siempre en la cuerda floja y a punto de separarnos, por fin estábamos tratando de llevar la fiesta en paz; sin embargo, esa armonía sólo duraba mientras yo no le hablara de mis planes, pues de lo contrario él se enfadaba, e inmediatamente decía que no.

Cada vez que yo daba signos de querer superarme, él se enojaba, lamentablemente esto es muy común en los matrimonios que supuestamente están "bien", siempre hay uno de los dos que debe dejarse dominar "por el bien del matrimonio".

Afortunadamente, también me mantuve fiel a mí misma, y al poco tiempo regresé a las clases del Dr. De La Torre, esta vez para certificarme como terapeuta por medio de Lincoln Institute, después de graduarme, acondicione el garaje de mi casa y comencé a atender allí algunos clientes; meses más tarde me mudé a un consultorio, al mismo tiempo empecé a gestionar mi certificación y mi licencia por el Estado de California.

Era complejo realizar estos trámites, pues yo no tenía seguro social legal, de hecho, me asesoré con algunos abogados y me dijeron que era casi imposible, sin embargo, yo ya me había entrenado en seguir adelante a pesar de las dificultades, así que comencé a indagar por mi cuenta, y decidí contactar a las de la Federación de Terapistas, mandé un correo electrónico y ellos me respondieron inmediatamente; me enviaron una planilla que debía llenar y unos días más tarde me llegó la licencia. No tuve que pagar todo ese dinero que me estaba pidiendo una de esas personas que toman ventaja por la situación migratoria.

En la vida hay personas que se quieren aprovechar de tus circunstancias, sobre todo si eres ignorante del tema; por eso es tan importante saber buscar información con las personas adecuadas, porque algunos sólo están procurando su propio beneficio.

Hoy en día he comprendido que Dios tiene algo reservado para cada uno de nosotros; todo ser humano viene a este planeta con un propósito, pero no escuchamos, no ponemos atención, por eso no entendemos las señales que nos manda el Universo.

Si yo no hubiese seguido mi intuición de llamar directamente al Cónsul de Terapistas, hoy no tendría mi licencia por el Estado de California, que es la que me avala; nunca sientas temor de hacer las cosas que sabes que son para ti.

La vida nos manda claves que debemos escuchar, y en esos momentos tienes que tomar la decisión y aventarte, pues nunca sabrás qué va a pasar a menos que lo intentes.

Eso mismo fue lo que me ocurrió cuando descubrí la medicina alternativa, comprendí que optar por esa vía era elegir al ser humano libre de ciencias y de teorías, porque todo en la naturaleza es simple.

Cuando empecé a estudiar medicina alternativa, ya era una mujer adulta y no estaba bien a nivel emocional, tampoco tenía dinero, ni un plan de negocio definido, simplemente, me atreví a empezar con lo que tenía a mi alcance, pero siempre con muchas ganas de salir adelante, por encima de todo lo que estaba pasando a mi alrededor. Ese era mi propósito y mi deseo, pero vivía en constantes pleitos con mi esposo.

Mi situación familiar me entristecía y me llenaba de incertidumbre. Tenía una gran interrogante: ¿Cómo iba a hacer ahora para poder ejercer todo lo que había estudiado?

Me apasionaba todo lo que había aprendido y estaba completamente convencida de que era a lo que me quería dedicar por el resto de mi vida; todo ese conocimiento me había ayudado en mi propio proceso, y ahora mi sueño era compartirlo con los demás.

A la primera persona que le apliqué una terapia fue a mi hermana; un día ella me habló por teléfono para decirme que se sentía muy mal y que no había ido a trabajar, así que me acerqué hasta su casa para hacerle un drenaje linfático. Por tratarse de ella, no tomé suficientes precauciones, pues pensé que podía poner mis manos sobre su cuerpo con mucha más confianza por ser mi hermana; ella había acumulado mucha ansiedad, estrés y depresión, producto de su día a día con el trabajo, y yo podía sentir toda esa energía densa que manaba de su piel.

Al finalizar la terapia de salud del drenaje linfático, tuvieron que traerme a mi casa, pues no podía mantenerme en pie, ocurrió que toda esa pesadez que ella traía se me transmitió a mí, y yo no estaba preparada para semejante shock energético.

Esa experiencia me hizo dudar de mi capacidad para poder desenvolverme como terapeuta, pues al parecer la sensibilidad muy particular me hacía más propensa a absorber la energía de otras personas, por si fuera poco, en casa sólo me esperaban las objeciones de mi pareja, pues a raíz de ese episodio comenzó a decirme que eso no era para mí, que viera el estado en que me ponía cuando hacía mis terapias, que yo no servía para eso y que me iba a poner mal.

Sin embargo, yo ya estaba habituada a toda esa negatividad, y por otra parte, cada vez me apasionaba más la idea de poder ayudar a los demás. Finalmente, eso tuvo más peso para mí que cualquier incertidumbre.

El ejercicio de la salud sólo es posible cuando se ama lo que se hace, porque muchas veces se convierte en una prueba de fuego en la que debemos literalmente rescatar a las personas de las manos de la muerte. Habían pasado más o menos 4 meses después de mi graduación cuando una de mis vecinas tocó a mi puerta:

Me dijo:

—Rosario, yo sé que tú estudiaste medicina natural; mi tía está muy mal, necesita que por favor la atiendas…

En ese momento recordé las palabras de mis maestros, pues ellos siempre nos insistieron en todas las normas que debíamos cumplir para brindar una atención responsable; hasta ese momento yo no tenía un consultorio como tal, y por esa razón le dije a mi vecina que no podía atender a su tía.

Aún estábamos platicando en la puerta de mi casa cuando la vimos acercándose; me preguntó si yo era la persona que podía ayudarla en su problema de salud, y al pedirme ayuda se desplomó.

Decidimos que lo más indicado en ese momento era llamar a una ambulancia, y eso hicimos; sin embargo, a mí me quedó un sinsabor, pues lo ocurrido me había generado un conflicto entre mis principios y mi vocación.

Al día siguiente, la tía de mi vecina vino de nuevo a verme; me dijo que en el hospital no le habían hecho nada, sólo tenerla en observación unas horas y luego enviarla de nuevo a su casa. Me dijo también que necesitaba mi ayuda y que yo se la estaba negando.

Con estas palabras:

—Si de verdad estudió, usted tuvo que haber hecho algún tipo de juramento, y no lo está cumpliendo.

Eso fue muy atrevido de su parte, pero tenía toda la razón, esas palabras me hicieron sentir culpable. Empecé a cuestionarme... ¿De qué me habían servido tantos trasnochos, haberme dormido en los baños de mi escuela y hasta haber pasado el día sin comer mientras estaba estudiando?

Mientras pensaba en todo esto, ella agregó:

—Usted transmite una energía muy positiva; de verdad le suplico que me atienda.

En ese momento comprendí que yo debía ser fiel a mis convicciones: La medicina natural se basa en la energía como principio fundamental, y este era el momento de demostrar todo aquello en lo que yo creía. Le agradecí la confianza y le hice una terapia: después de una evaluación completa, le sugerí algunos suplementos y nutrientes, al poco tiempo había mejorado considerablemente.

A partir de entonces acondicione el garaje de mi casa, lo único que tenía para trabajar además de mis manos era una camilla que había logrado adquirir. Esos fueron mis comienzos.

Cliente: Oscar Arturo León

"Soy paciente de la Dra. Rosario desde hace 10 años; la conocí a través de mi madre, quien recibía sus masajes, y luego yo también comencé a asistir a sus terapias. En ese tiempo yo jugaba mucho al futbol y tenía algunos problemas en mis huesos y espalda, pero al hacerme unos estudios salieron a la luz algunos problemas hepáticos y de triglicéridos.

Comencé a tratarme con la Dra. Rosario porque siempre he confiado más en la medicina alternativa; sin embargo, había asistido a consultas con médicos convencionales que nunca me pudieron aliviar mis enfermedades.

Tres meses después de comenzar el tratamiento y terapias con la Dra. Salgado, volví a hacerme los análisis, y mis valores se habían normalizado. Ahora, cada vez que sé de alguien que está enfermo, le recomiendo atenderse con la Dra. Rosario".

5. Cree en ti

*"Bendice cada instante que te ha traído a donde estás,
pues, gracias a lo vivido, hoy eres un ser humano
totalmente bendecido".*

Rosario Salgado

M eses después, la señora regresó y me dijo:

—Aquí le traje a mi esposo.

No supe qué responderle; nuevamente surgieron mis dudas: "Un garaje no es un consultorio..."

Ella se quedó observando mi rostro de inseguridad, y entonces me comentó:

—No deberías negarte a ayudar a las personas, ni mucho menos dudar de lo que haces. ¡Eres una excelente terapeuta!

Sus palabras me dieron confianza; al contrario a lo que mi esposo hacía, él ponía en mi miles de dudas. Así que accedí y atendí al señor también, rápidamente la voz se corrió y cada vez iban llegando más personas a mi garaje, hasta que días después decidí trasladar mis consultas al lado del taller de mi marido; sin embargo allí pude estar escasamente 3 semanas, pues él comenzó a decir que le salía muy caro mantenerme allí, porque además de pagar la renta, yo todavía no generaba ingresos suficientes como para hacerme cargo de esos compromisos.

Además, discutíamos mucho, y era difícil mantener una dinámica de trabajo en esas condiciones.

Me dije a mí misma:

—Y ahora... ¿Qué hago? Me di cuenta de que había llegado la hora de la verdad: Si realmente yo quería seguir en esta profesión, tenía que buscar la forma de cómo hacerlo.

Decidí poner un anuncio en una revista local, así conocí a Anita, quien llegó a mí a través de esos anuncios, pues estaba interesada en moldear su cuerpo mediante masajes reductivos. Empezamos a platicar sobre la vida, le hice sus programas de control de peso y le di seguimiento en todo el proceso, los resultados fueron excelentes, y hasta el día de hoy somos las mejores amigas. Nunca olvidaré la gran confianza que tuvo en mí cuando yo apenas estaba comenzando y aún era una desconocida, su amistad es invaluable para mí.

Entonces, un día iba a llevar una carta al correo, y mientras manejaba iba pensando en cómo resolver el tema de mi trabajo, cuando de pronto vi a una mujer que estaba colocando un cartel en la calle: decía For Rent (Se alquila). Ni siquiera llegué a la oficina del correo; inmediatamente di la vuelta, me estacioné y fui a hablar con ella, le pedí que me diera todos los requisitos necesarios para rentar ese inmueble, debía tener crédito, pagar 2 meses de renta por adelantado, consignar referencias de alquileres anteriores... Todo parecía indicar que sería imposible para mí tenerlo.

Mientras ella buscaba el formulario de aplicación me quedé allí de pie observando detalladamente el lugar; imaginaba a las personas entrando para sus consultas, y podía ver los muebles, la decoración, los olores, los colores, etc. Sentí que ese lugar estaba destinado para mí, y eso me conmovió tanto que mis ojos se llenaron de lágrimas.

Cuando la señora regresó, yo la miré fijamente y le dije:

—Yo no tengo crédito; tampoco tengo un seguro ni nadie que firme como fiador, y tampoco tengo para la renta que usted está pidiendo. Lo único que tengo son $600...

Eso apenas alcanzaba para cubrir 1 mes de renta; aquella mujer me miraba desconcertada, como preguntándose de dónde había sacado yo la osadía de hablarle de ese modo.

Ella me preguntó:
—¿Por qué estabas llorando?

—Porque tengo mucho tiempo buscando un espacio en el cual poder ejercer mi profesión-le respondí, y por fin siento que he encontrado el lugar indicado.

—¿A qué te dedicas?

—Estoy graduada como terapeuta en medicina alternativa. -Oh! Tengo entendido que eso no tiene validez...

—Sé que muchas personas necesitan lo que yo les puedo dar.

Ella me miraba a los ojos, y después de unos instantes de silencio, me dijo:

—Do you only have $ 600? (¿Solamente tienes $600?)

—Si... Es lo único que tengo; por lo demás, no tengo crédito, ni seguro. Ésta es mi licencia de terapeuta por el estado de California; tienes mi palabra y $600. Es lo único que te puedo dar por el momento.

Entonces ella extendió su mano y me dijo:

—The key´s yours (Las llaves son tuyas)

Así no más. Por un instante me quedé paralizada, pero inmediatamente reaccioné; tomé las llaves y en ese momento se desató toda una magia. Nuevamente, Dios me estaba demostrando su amor incondicional, estaba adquiriendo una gran responsabilidad, pero si el Universo me lo estaba dando, era porque me correspondía, y al mismo tiempo tendría las posibilidades de responder.

Mientras conducía de regreso a casa, me decía a mí misma:

—¡Ok Rosario! ¡Conque muy bravona! Y… ¿ahora qué? Lo único que tienes para montar un consultorio es una camilla… Nada más.

De nuevo iba a empezar a cuestionarme, pero me di cuenta en el acto y yo misma me dije:

—Stop! Ya basta. Yo puedo lograrlo.

Y le dije a Dios:

—Si esto es para mí, por favor ponme los medios, que yo voy a poner todo lo que toca de mi parte.

Comencé a recordar: hacía poco había comprado una mesa de plástico, de esas que usan para las fiestas de los niños, pero en mi nuevo rinconcito iba a funcionar de maravilla; compré una silla de oficina que me costó $ 10 dólares, y el toque final lo pusieron Angie y Lidia, dos amigas muy soñadoras que inmediatamente se pusieron en campaña para sacar adelante mi proyecto.

Lidia me compró unas sábanas, y Angie me regaló algunos detalles para la decoración, así comencé, con todo regalado, pero yo seguía armando ese lugar con todo mi amor y mi pasión, como si fuera el spa más lujoso del mundo, sin embargo, al llegar a mi casa me sentía triste, porque quería sentir el apoyo de mi esposo y eso nunca pasó.

Cuando quise compartir este logro con él, sonrió irónicamente, como queriéndome decir que yo no iba a poder mantener mi emprendimiento, de una forma u otra, agradezco que haya sido así, porque eso me motivó y me dio la fuerza que necesitaba para luchar cada día más y salir adelante.

Una vez que estuvo listo el lugar, llamé a una de mis maestras para que me hiciera el honor de romper el listón en la inauguración de mi nuevo consultorio. Ese momento también marcó mi iniciación en las redes sociales; desde el principio, mi propósito al abrir mi cuenta en Facebook fue promover mi negocio y aprender cómo generar ingresos a través de esa plataforma.

Estuve en ese lugar aproximadamente por 2 años, y durante ese tiempo mis sueños y aspiraciones no hicieron más que crecer. Mi próxima meta era abrir un Centro de Salud, Bienestar y Belleza, en donde no sólo ofreceríamos terapias, sino que además les haríamos saber a las mujeres que no es solamente lo físico lo que cuenta, sino que para alcanzar armonía y balance energético también es necesario emanar belleza desde adentro.

Algunos buenos amigos y colegas se fueron enterando de mi plan y se fueron sumando a las expectativas del proyecto, surgió la idea de asociarnos y abrir todos juntos un local más grande.

A pesar de que me sentía muy a gusto donde estaba y muchas veces llegaba a duras penas a pagar la renta, mi intuición me decía que había llegado el momento de dar el salto y pensar en grande. Ya había visualizado una casa muy bonita que a mi modo de ver, reunía las condiciones ideales para instalar allí nuestro Centro. En esos días me propuse indagar acerca de quiénes eran los dueños y ver qué tan factible sería alquilarla, pensé:

—Pueden pasar dos cosas, o sale bien, ¡o sale bien!

Por esos días llegó una señora a mi consultorio preguntando por un paquete de terapias reductivas de varias sesiones. Mientras le daba su primera sesión, comenzamos a conversar, le conté mi sueño:

—Estoy planeando ampliar mi negocio para ofrecer otros servicios y poder dar mejor atención a mis clientes. Va a tener distintas áreas, una exclusiva para peluquería y salón de belleza, cortes de cabello, tintes, secados, tratamientos capilares, pedicura y manicura, maquillaje, y todo lo relacionado con la belleza y la imagen personal, otra donde se darían clases de ejercicios, etc. Por mi parte, yo tendré el espacio para dar diferentes tipos de terapias: cuidados faciales, masajes reductivos, drenajes linfáticos post quirurgicos y muchas cosas más...

Mientras ella me escuchaba con atención, yo hablaba y hablaba:

—Tengo en mente una casa muy bonita que queda cerca de aquí, pero me han comentado que el dueño es un abogado cascarrabias y estoy agarrando fuerzas para ir a hablar con él. También le dije que lo que más me asustaba de hablar con él era que yo no poseía ningún seguro, no tenía crédito y mucho menos dinero para el depósito, si acaso podría reunir una cuarta parte de lo que ese señor está pidiendo que son $5.000 para el depósito y $3.500 de renta.

Mi clienta me preguntó:

—¿Y por qué quieres esa casa? ¿Qué tiene de especial?

—Pues porque está ubicada en una calle principal y eso es ideal para el negocio, además está rodeada de puras casas victorianas, comercios, consultorios médicos, odontológicos, incluso una clínica, así que nuestro local encajaría perfectamente con todas las actividades que se desarrollan allí. Ya tengo mi grupo de trabajo armado, todas las chicas que trabajarían conmigo están de acuerdo; todas son madres solteras, y les propuse unirnos para salir adelante. Muchas de ellas trabajan conmigo desde que se iniciaron en su profesión, pues de una u otra forma, como mujer y como madre, yo quise brindarles mi apoyo.

Mi clienta me miraba sorprendida, y cuando terminé de hablar me preguntó:

—¿Sabes cómo se llama ese abogado?

—Sólo sé su apellido: Mr. P. Y mañana mismo iré a hablar con él. Ella me sonrió.

—¡Claro... Hazlo! A lo mejor y sí te acepta.

En efecto, al día siguiente me dirigí a la entrevista; antes de salir me encomendé a Dios, y nuevamente recordé que tenía las mejores intenciones, no solamente para mí, sino también para todo el personal de mi negocio y para todas las personas que pudieran beneficiarse de nuestros servicios.

Llegué a la oficina de Mr. P. El ya estaba ahí, se trataba de un hombre alto, delgado, aunque por dentro yo estaba muerta de miedo, hice mi mejor esfuerzo para que no se notara.

Me acerqué hasta donde él estaba, me presenté y le dije que quería conversar respecto a la propiedad que estaba rentando. Mientras yo le hablaba, tuve la impresión de que él me miraba como pensando: Tú no tienes cómo pagar lo que cuesta estar en mi propiedad.

Sin embargo, decidí hacer caso omiso a mis propios pensamientos de inseguridad y sólo me quedé ahí, paradita y callada, esperando su respuesta.

—¿Tiene los requisitos? — me preguntó.

—No —le respondí— ya vi lo que usted está pidiendo y no lo tengo; por eso estoy aquí.

Mr. P. No entendía muy bien lo que estaba pasando, entonces yo interrumpí su silencio y le dije:

—Disculpe señor; yo no tengo los requisitos que usted está pidiendo, sólo tengo una cuarta parte de lo que usted aspira en la negociación. Tampoco tengo seguro, pero sí tengo mi DBA. Tengo ya 2 años con mi negocio, y un buen récord en el banco, así como con la dueña actual de mi alquiler de oficina. Si usted quiere, puede hablar con todos mis clientes. Estoy activa en mi empresa y cada día con más entusiasmo para crecer y salir adelante.

Él, muy sorprendido, me respondió:

—¡Pero eso no me sirve a mí! Yo quiero un buen seguro, un buen crédito y mi depósito. No hay nada más que discutir.

Yo había averiguado que él tenía mucho tiempo intentando rentar esa propiedad sin lograrlo; así que me tomé un atrevimiento aún mayor y le propuse:

—Mr. P. Negociemos, Yo le prometo que le voy a pagar lo que usted está pidiendo, una vez que yo me monte en mi nuevo negocio, esto nos conviene a los dos.

Hubo unos segundos de silencio incómodo y yo pensé que me mandaría a echar de su despacho, me volvió el alma al cuerpo cuando le escuché decir:

—¿Qué es lo que usted quiere hacer en mi propiedad?

Le expliqué todo con lujo de detalles las actividades que íbamos a desempeñar, incluso, cómo iba a estar dispuesto el lugar, que mi propósito principal en esta nueva etapa iba a ser ayudar a personas sin hogar (Homeless), brindándoles terapias gratuitas que les ayudaran a mejorar sus vidas:

—Amo mi trabajo —le dije— porque se trata de ayudar a las personas que están cansadas, que están tristes, que no tienen con quién hablar y simplemente necesitan a alguien que las escuche.

Al terminar nuestra conversación, Mr. P. Me respondió:
—Déjeme pensarlo, yo le llamo mañana.

Cuando ya iba de salida, me encontré con mi clienta que tan sólo un día antes me había animado a conversar con él; lo primero que pensé fue que tal vez ella también estaba interesada en rentar el local, pero inmediatamente se aclararon mis dudas cuando vi que Mr. P. vino a recibirla:

—¡Hello honey!

Cliente: Mirna Pérez

"Conocí a la Dra. Salgado por medio de una amiga en común, hace aproximadamente 10 años. Yo estaba padeciendo de sobrepeso (pesaba más de 200 libras); tenía hipertensión, agotamiento, depresión, fatiga... Había intentado otro tipo de tratamientos, pero no me resultaron beneficiosos; incluso estuve yendo al gimnasio, pero no

lograba bajar de peso, así que decidí ponerme en las manos de la Dra. Rosario. Ella me hizo una resonancia y me puso el tratamiento que mi cuerpo realmente necesitaba; también me dio recetas de jugos verdes licuados y me ayudó a cambiar mi estilo de vida.

En el primer mes, bajé 22 libras; en el segundo 17, y en el tercero 14. Ahora mi peso es de 128 libras, mi presión se ha normalizado y me siento completamente diferente, con más energía.

La Dra. Salgado también me realizó masajes que me ayudaron a reducir medidas en muy poco tiempo. Si alguien está pasando por un trauma de sobrepeso, no dude en ponerse en manos de la Dra. Rosario; ella solo sugiere lo que el cuerpo necesita para recuperar su normalidad".

PARTE II

6. La Magia de tus Deseos

"Enamórate de ti, de tus sueños, de tu esencia;
lo demás llega en su justo momento".

Rosario Salgado

La abrazó y le dio un beso, y mientras entraban juntos ella se volteó y me guiñó el ojo. Resultó ser la esposa de Mr. P. Por un momento me sentí hasta avergonzada, pues le había platicado absolutamente todo lo que tenía en mente, incluso le había dicho gruñon a su esposo, je-je-je y:

—El día que yo agarre esa casa haré un gran opening... voy a poner globos, voy a hacer bailes y tendremos un banquete...

Esperé el día siguiente, se me hizo interminable, miraba el teléfono unas 30 veces por minuto, y cuando sonaba se me aceleraba el corazón. Hubo un momento en que desistí y todos nos quedamos en silencio. Así transcurrieron unas 3 horas, hasta que por fin entró la llamada que tanto esperaba.

Era ella diciendo:

—Estás adentro —Y colgó.

En ese momento me encontraba con todas las chicas en mi consultorio, gritamos, saltamos, reímos y lloramos de alegría... En lo más profundo de mí, agradecí a Dios y al Universo, porque la magia seguía actuando de formas insospechadas en mi vida.

Cuando entregué mi antiguo local, la dueña me dijo que tenía las puertas abiertas para volver cuando yo quisiera.

Ya en la nueva casa, hicimos el gran opening, tal y como lo había soñado. Ya estaba todo listo para comenzar a trabajar.

Muchas personas han pasado por mis manos desde entonces; cuando un cliente llega por primera vez, lo primero que trato de ver es su sufrimiento, eso me da la clave para indicarle el programa de salud, pues la visión que el cliente tiene ante la vida, sus emociones, sus sentimientos, es lo que se refleja en la enfermedad física.

A lo largo de mi profesión he podido darme cuenta de que tener un gran amor o un propósito definido en la vida son factores decisivos para alcanzar la felicidad, enfrentar las dificultades y recuperar la salud.

La medicina alternativa o medicina holística es un ramo muy extenso; a través del tiempo se han creado métodos muy específicos como una forma de darnos la ayuda que nosotros mismo necesitamos para superar las deficiencias de nuestro organismo mediante plantas, minerales, vitaminas, la organoterapia y la homeopatía.

Creo firmemente que la enfermedad es una manifestación de nuestra actitud mental, así que al modificar la forma en que pensamos, la enfermedad desaparecerá. Las enfermedades del cuerpo son el resultado de una desorganización de la función cerebral, ocasionada por el sufrimiento, la rabia, la tensión, el miedo; no es más que un síntoma en sí mismo, y la cura se obtiene a través de la remoción de las causas.

Los remedios usados en la medicina tradicional alivian los síntomas físicos momentáneos de la enfermedad, pero no la causa; en cambio, la medicina natural actúa al mismo tiempo sobre la mente, el cuerpo y el espíritu, buscando la raíz de la necesidad.

Muchas personas quieren tenerlo todo alineado, perfecto; que nada falle, que todo salga bien, que todo esté controlado... sin embargo, siguen estancados en el mismo lugar, soportando en silencio todos sus miedos; no han asimilado que cada error es un aprendizaje y que la mejoría viene con el día a día, en el saber y estar consciente tanto de lo que hiciste bien como de lo que hiciste mal. Es una ley muy simple y al mismo tiempo muy poderosa, así evitamos que el proceso de curación sea más doloroso que la misma enfermedad.

La terapia en la que me especializado es el drenaje linfático, que engloba los campos de la fisioterapia y la medicina alternativa. La mayoría de mis clientes son mujeres que han pasado por algún proceso quirúrgico, ya sea por una cirugía estética o por una necesidad relacionada con su salud. El drenaje linfático postquirúrgico es una de las terapias más recomendadas por los cirujanos plásticos, porque actúa directamente sobre el sistema inmunológico de nuestro cuerpo.

Es muy importante que tengamos buenas defensas en el momento de luchar contra las enfermedades, y esto se logra estimulando el sistema linfático a través del torrente sanguíneo, mi maestra nos explicaba:

—La linfa es un líquido blanquecino que está entre el tejido de nuestra piel, y a través del masaje se estimula y se va guiando con unos movimientos específicos hacia los ganglios linfáticos, que son como unos frijolitos que están alojados en diferentes partes del cuerpo: debajo de las axilas, en el área inguinal o entrepiernas, en el área del pecho, en lo que llamamos timo, y en el área del cuello, y que funcionan como puntos de drenaje, a través de ellos se van expulsando las toxinas.

El drenaje estimula el sistema linfático ayudando a la circulación, y en el caso de los clientes que se han hecho una cirugía, les permite drenar el exceso de líquidos retenidos debido al proceso quirúrgico. De esta manera, reducen los riesgos de sufrir efectos secundarios normalmente considerados síntomas del procedimiento, por lo que la recuperación es mucho más rápida, no sólo en los casos de cirugías estéticas, sino en otro tipo de procedimientos médicos.

El drenaje linfático resulta excelente para tratar problemas como presión alta, mala circulación, venas varicosas, celulitis, entre otros, porque al mejorar la circulación se está desintoxicando y oxigenando el organismo de manera natural, y por eso los resultados son muy positivos.

En cuanto a la parte emocional, este tipo de terapias también resulta muy eficaz para ayudar a las personas que tienen problemas para dormir, ansiedad, depresión, y para estabilizar a quienes han sufrido la pérdida de un familiar o amigo, en otras palabras; el drenaje linfático no solamente es útil en el área de la belleza, sino que contribuye en la salud integral de los clientes o pacientes.

Ahora que se te presenta una oportunidad para ver la vida en todas sus facetas, desde lo más profundo hasta lo más superficial, llegamos a conocer que lo oscuro y lo difícil son tan necesarios como lo iluminado y fácil; empezamos a tener un punto de vista muy diferente de las cosas y terminamos integrándonos cada vez más con nuestro alrededor.

Lo primero que debemos hacer es tomar acción sobre todas las cosas, nos proyectamos desde la fe, nos visualizamos y nos llenamos de mucha confianza para no dejarnos caer por lo que sea que nos esté pasando, sino por el contrario, intentar convertir lo negativo en algo positivo.

Sé que no es fácil, pero ese. "Es el secreto de la felicidad".

En muchos momentos de mi vida hubo cosas muy bonitas, pero nunca pude decir que estuve a un 100% de plenitud; yo me hubiese conformado incluso con un 50%, aunque nunca pretendí cuantificar la relación. Siempre es así, las palabras y las acciones tienen mucho peso, y no todas pueden recogerse una vez que han sido producidas.

Ahí estaba mi esposo, opinando desde su egoísmo, diciendo que ya había gastado mucho dinero en algo innecesario, que yo sería una ruina... En fin, todas esas cosas negativas. Yo sólo intentaba no creerme nada de eso.

Así vivimos muchas mujeres, que a pesar de que estamos emprendiendo, tenemos que lidiar además con otros asuntos que nos agobian, como dice el refrán: "Ahí estaba la mosca en la leche o el pastel".

Dentro de mi surgían muchos cuestionamientos: ¿Por qué no me apoya? ... Esa era mi pregunta. Tal vez terminamos reflejándonos en el otro y comenzamos a mentirnos a nosotras mismas, pensando:

—Claro que me apoya, pero lo hace a su manera, en silencio... Es mi culpa, yo no hice las cosas como él quería...

Parecía tan lógico esperar el apoyo de quien se supone que lo merecía todo, no sólo monetariamente sino también moralmente; que él estuviera como lo que es: mi compañero, mi esposo.

Yo soñaba que él me dijera:

—¡Vamos a echarle ganas! ¡Vamos a salir adelante!

Sé que muchas mujeres atraviesan situaciones similares a la que yo viví, nos sumergimos en ese espacio por nuestra propia voluntad, nosotras mismas evadimos la realidad y dejamos que pase una y otra vez; no aceptamos la realidad y nos convencemos de que no estamos sufriendo, cuando en realidad es así.

Yo estuve ahí, y no podía salir, me mostraba frente al mundo como una mujer emprendedora, echada para adelante, mientras en mi casa se vivía un desmadre, un verdadero infierno. Esa era mi realidad.

En mi experiencia como terapeuta, he visto mujeres que aparentan una cosa cuando en realidad están viviendo otra, pero nadie lo sabe, y desde el subconsciente su cuerpo pide a gritos ayuda mediante la enfermedad.

Una de las cosas que agradezco hoy en día es poder aplicar todos estos conocimientos en el desenvolvimiento de mi vida cotidiana, en la relación que llevo con mis hijos y el entorno donde me desenvuelvo; esa era una de las principales batallas personales que yo tenía que librar.

Por ejemplo, yo estaba consciente de que la alimentación que se estaba llevando en nuestra casa no era la más adecuada, y que, en lugar de ayudar a nuestros hijos, los estábamos dañando. Al principio yo no tenía las herramientas y el conocimiento para cambiar esos hábitos alimenticios, pero con el tiempo comencé a darme cuenta, a obtener más información, y ya no es posible no hacer nada al respecto. Cuando ya sabes y estas convencido de que ese tipo de alimentación va a traer consecuencias a futuro en la salud de tus hijos, no puedes quedarte de brazos cruzados.

Si tu estas trabajando para que tus hijos tengan un buen futuro, los mandas a la escuela y quieres que sean exitosos, ¿cómo van a serlo siendo enfermizos?; ¿cómo van a ser exitosos con una salud deficiente? La base principal es tener una dieta balanceada, con los respectivos nutrientes necesarios para que ellos puedan tener su mente enfocada, y al mismo tiempo sentirse enérgicos y saludables.

De nada sirve que le estamos dando cosas materiales si la base principal no está ahí; es un tema que he estado desarrollando actualmente y que estoy aplicando a nivel terapéutico en el tratamiento de los niños y su relación con la alimentación.

Ese desorden alimenticio dentro de la casa ha venido cambiando exponencialmente; ahora estoy enfocada en ajustar los hábitos de mi hijo mayor, pues él ha sido el que más se ha resistido a todos los cambios que hemos implementado en cuando a la nutrición y a todo lo relacionado con la medicina alternativa, y justamente ahora estamos viviendo un milagro: Él no tenía una disciplina que lo ayudara a desarrollarse; comía a las 12 de la noche o a la 1 de la madrugada, y además le gustaba tomar bebidas alcohólicas. Definitivamente, no le estaba poniendo atención a su salud, y comenzó a sentir las consecuencias de sus abusos, pasó unas 3 semanas desconcentrado, no podía tener un buen balance, la cabeza le dolía mucho y su presión arterial subió considerablemente.

A veces tenemos que pasar por cosas muy drásticas para poder reaccionar y empezar a cuidarnos a nosotros mismos; gracias a esa crisis, él ha recapacitado, actualmente trabajamos en conjunto, no sólo para que logre bajar de peso, sino sobre todo controlar la presión y en general adoptar otra forma de vida. Está aprendiendo a evitar todas las frituras, las grasas saturadas y toda la comida chatarra; también está intentando estar tranquilo mental y emocionalmente.

Yo también sufrí de sobrepeso y conozco muy bien las sensaciones y emociones que esto puede causar. En un momento llegué a pesar 170 libras, y me puse como meta llegar a las 120; hasta ahora sólo me falta perder 15 libras más para lograrlo.

El problema nutricional generalizado no se trata sólo de la cantidad de alimentos que ingerimos, sino de quitar de nuestra dieta lo que no funciona para nuestro cuerpo; eso es lo más importante y también lo estoy aplicando con los más chiquitos: Todos ellos saben que tienen que tomar sus jugos verdes porque allí están sus nutrientes.

Siempre les digo a mis hijos que a lo mejor yo no les voy a dejar una gran herencia material o propiedades, pero sí quiero dejarles esa base; que se quieran, que se nutran, que se cuiden para que tengan una salud óptima y puedan desarrollarse como las personas que desean ser.

En la mañana al despertar siempre me tomo un vaso y medio de agua, antes de ir al gimnasio desayuno, procuro que mi plato tenga proteínas, algo de carbohidratos y vegetales, o si no; sólo carbohidratos y proteínas; siempre acompañado con un vaso de agua, y cuando es temporada de frío me tomo un té. Me gusta el de canela con manzana.

Cerca del mediodía, dos horas después del desayuno, me como la mitad de una banana, un pedazo de queso, unas galletitas o un bocadillo y un vaso de agua, y a la hora del almuerzo tengo 20 o 30 gr. de proteína y ensalada, acompañada de una fruta y otro vaso de agua.

Casi siempre traigo un bocadillo en el bolso, puede ser granola, una manzana, un plátano, una naranja, y me lo como 2 horas después del almuerzo. Nunca dejo que mi cuerpo tenga mucha hambre, siempre regulo el apetito de esta forma y ya en la tarde/noche trato de cenar un poco más ligero: una ensalada y un poquito de proteínas, otro vaso de agua, y de vez en cuando una gelatina.

En algunas ocasiones siento hambre ya tarde en la noche, y entonces me doy el gusto de comerme un yogurt bajo en grasa y en azúcar, o una porción pequeña de avena.

Trato de comer frutas que no contengan mucha azúcar, como la pera, y siempre trato de cenar 2 o 3 horas antes de irme a la cama.

Cliente: Elia Guillorin

"Conocí a la Dra. Rosario a través de mi hija; en aquel entonces, ella se estaba formando como médico naturista. Es una persona que lucha por sus metas; desde que la conocí me di cuenta de que es una persona perseverante que se enfoca en lo que quiere y lucha por sus metas. Desde el primer momento comprendí que para ella era fundamental prepararse para ayudar a los demás a través de este tipo

de tratamientos, que no dañan el organismo, sino todo lo contrario: nos benefician.

Desde hace algunos años padezco de diabetes tipo II; muchos doctores me habían hecho creer que esa enfermedad es una condición que dura para siempre; por fortuna, las indicaciones que me ha dado la Dra. Salgado me han ayudado a controlar mi diabetes, sin necesidad de tomar los medicamentos que usualmente se indican, y que a la larga deterioran otros órganos y la salud en general.

Por otra parte, la Dra. también me ha orientado para desarrollar otros hábitos alimenticios que me permitan controlar mis niveles de glicemia sin tener que recurrir a otros químicos".

7. El Derrumbe Interior

"Sé la mujer que inspire a otras desde su amor
propio y su alma buena".

Rosario Salgado

Mi libertad comienza cuando soy capaz de distinguir entre las cadenas que me pongo a mi mismo y las que me ponen culturalmente quienes nos criaron, pues todos esos miedos son los mismos que me frenan. El amor no nace al tratar de resolver mis propias necesidades, dependiendo de otro, sino al desarrollar la propia riqueza y madurez. Impedir a otra persona avanzar es una muestra de inseguridad; la misma idea de estar estrechamente unidos a otro ser, surge porque estamos completamente solos, y la soledad duele, por eso buscamos ahogar esa soledad en una relación con una pareja.

Yo había obtenido mi diplomado y doctorado por medio de la American Naturopathic Medical Association y estaba progresando como terapeuta y en el área de la medicina alternativa, todos me decían que yo era una mujer extraordinaria, pero aun así yo sentía un gran vacío por todos los desaires que vivía en mi relación.

Quien le busca la quinta pata al gato siempre la consigue, un día al regresar del parque en la temporada de pascua, mi esposo se quedó dormido y su teléfono celular empezó a vibrar, yo lo tomé para evitar que cayera al piso y al tocarlo se abrió el Messenger. Estaba una conversación con una amiga de México que le preguntaba:

—¿Cómo estás? ¿Te casaste? ¿Cuántos hijos tienes? Pero lo que realmente me impactó fue la respuesta de mi esposo:

—Tengo 7 hijos dentro del matrimonio y 3 más por fuera.

Y por supuesto, los respectivos emojis de risas. Eso no fue lo peor, incluso cuando se lo reclamé, él seguía burlándose, como si fuera un juego.

Para mí fue difícil aceptar que había estado durante todo ese tiempo bajo un engaño constante, la confianza ya no estaba, y la desilusión fue total. En 23 años de haber estado casada nunca tuve la desconfianza o curiosidad de revisar su cel, porque confiaba totalmente en él.

Luego de nuestra separación estuve 2 años en depresión y tratando de asimilar qué era lo que había hecho mal, culpándome o intentando ver cuál había sido mi cuota de responsabilidad en todo eso, porque en un matrimonio hay dos partes.

Después del nacimiento de mi hijo Diego yo lo había llevado a Landmark y las cosas si habían mejorado considerablemente; estuvimos en la iglesia por 10 años, y luego tuvimos a la hermosa Lily. Las cosas parecían haberse estabilizado hasta que 2 o 3 años más tarde llegaron sus hermanos a vivir con nosotros, y de nuevo las cosas volvieron a empeorar.

Nuestro matrimonio ya estaba mal, aunque estábamos intentando sacarlo adelante todavía no habíamos alcanzado una armonía total, y cuando ellos llegaron, él comenzó a tomar otra vez.

Su hermana trabajaba en un sitio nocturno, junto con su hermano, empezaron a invitarlo a lugares de vicio y él terminó aceptando.

Yo entré en una etapa de negación, pues no quería asimilar lo que estaba pasando, a pesar de que teníamos problemas, habíamos avanzado, al menos en cuanto a sus hábitos con la bebida, y esta recaída era como regresar al infierno.

Siempre he pensado que, como seres humanos, todos tenemos un propósito en esta vida, todos estamos destinados a hacer algo en especial en este mundo.

En el 2015 yo aún distribuía los productos de una compañía; fuimos a una convención y allí conocí al señor Carlos Márquez, quien se convertiría en mi mentor; en ese momento él promocionaba su libro Ponte las Pilas, y además anunciaba que iba a dar un taller de Amazon y sobre cómo construir tu propia marca. No sólo compré el libro, sino que tomé el taller y gracias a ello había logrado registrar mi propia marca de productos naturales

En vista de la situación que se había presentado en mi matrimonio, lo invité a un taller, pero mi esposo no hizo más que criticarlo y descalificarlo, entonces entendí que él no iba a cambiar, lo había llevado al Landmark, ya habíamos estado 10 años en la iglesia, y ahora me daba cuenta de que mientras se mostraba ante los demás con una cara, conmigo siempre fue otra persona.

Sentí que habían sido años echados a la basura, después de esto fue muy difícil recobrar nuestra normalidad. Somos responsables de lo que hacemos, no podemos echarles la culpa a las otras personas por nuestras acciones; simplemente hacemos lo que queremos hacer, porque quienes decidimos nuestros actos somos nosotros, no los demás.

Cuando mis cuñados llegaron ya estaban los problemas; en ese tiempo él ya no me daba dinero y yo me había endeudado para poder mantener mi consultorio a escondidas y las necesidades de la casa, mi decisión había sido sobrellevar todo eso, pero cuando vi que volvió a tomar entendí que dejarlo era para mí una decisión de vida o muerte.

Yo había hecho mi doctorado en medicina alternativa y me habían otorgaron una certificación como Coach en Nutrición Holística; muchas veces no tenía dinero para regresar a mi casa y tuve que quedarme en los baños de la institución para poder asistir al día siguiente a la clase, había libros que yo no podía comprar porque no tenía el dinero...

Fueron muchas las dificultades que tuve que superar para poder alcanzar lo que quería.

En esa etapa, para el cumpleaños de una de mis hermanas, fueron a celebrarlo a un sitio nocturno; no me invitaron porque sabían que no me gusta tomar bebidas alcohólicas ni frecuentar esos ambientes; nunca se imaginaron que se encontrarían allí con mi esposo y su hermano, muy bien acompañados.

Al día siguiente, ellas me invitaron a un asado, no sabían cómo decirme lo que había ocurrido, y tenían miedo de cómo yo iba a reaccionar con la noticia. Una de mis hermanas tomó la iniciativa de contármelo.

Ellas vieron a mi esposo en ese lugar, y él al darse cuenta trató de esconderse, pero mis 2 hermanas y mis 2 primas lo acorralaron para que no se fuera y así poder enfrentarlo. Yo simplemente les respondí que eso ya estaba pasando desde hacía mucho tiempo, y que me parecía estupendo que se hubieran dado cuenta. Sin embargo, la cosa no terminaba ahí…

Mi prima le dijo:

—Yo no sabía que Rosario fuera tan liberal como para permitirte estar en un club bailando con otra mujer; ¿ella sabe que tú estás aquí?

A lo que él respondió con ironía que yo estaba al tanto y que todo entre nosotros estaba bien, y estas palabras fueron las que resonaron en mi mente, pues él ya no tenía ningún poquito de respeto hacia mi persona y estaba tan confiado que todo estaría bien como siempre.

Yo pensé: "¿Qué onda? ¿Por qué se burla de mí de esta manera? ¿Por qué me está humillando frente a todos?"

Esto me dio el impulso que me faltaba para poner fin a mi relación, sin embargo, tuve que admitir que muchas cosas pasaron porque yo no puse límites a tiempo. No importaba lo que pasara, él estaba convencido de que yo siempre lo iba a perdonar.

¿Cuántas veces nosotros mismos nos desvalorizamos y permitimos que las situaciones se nos vayan de control?

Al fin y al cabo, era mi culpa haber pasado tantos años con la tontería de esperar que él cambiara.

En una ocasión, mi hija de 8 años me dijo que vio a su papá con otra mujer, él no se preocupó en ocultarse, porque pensaba que ella estaba dormida. Sin embargo, yo me encontraba en una profunda negación; estaba ciega y seguía aferrada a una falsa ilusión. No sé cuánto tiempo más hubiera permanecido sumida en esa situación, de no haber sido porque mis hermanas me estaban abriendo los ojos sin piedad.

El día 6 de mayo era nuestro aniversario, y ese día que él estuvo en este centro nocturno. Lo esperé toda la noche, pero él no llegó.

Había llegado el momento de reconocer que me estaba aferrando a un matrimonio que era irreparable; yo no quería reconocer que se lo había entregado todo y él me había dejado sin nada.

Según él, nunca tenía tiempo ni para sí mismo.

Recuerdo que para ese entonces mi hija estaba a punto de cumplir sus 15 años, y yo estaba realmente estresada; sin embargo, ayudé a mi esposo a organizar su negocio, aunque él seguía diciendo que nada de lo que hacíamos estaba dando resultados. Pasamos días enteros trabajando en su empresa; yo llegaba a las 8 de la mañana y me iba a las 9 de la noche, hasta acondicioné un espacio e hice una cocina en su oficina para hacerle la comida a los niños, pero todo andaba mal, porque llegaba el viernes y él no tenía dinero.

En mis emprendimientos siempre me preocupé por mantener al día todos los asuntos legales; en cambio él, tenía 4 años aproximadamente sin pagar los taxes (impuestos) y eso me limitaba a hacer muchas cosas; me estaba metiendo en problemas legales, pues siempre postergaba esos asuntos y evadía esa responsabilidad que eran de vital importancia.

Cuando uno está en una relación, ya sea de matrimonio o de negocios, son de suma importancia la comunicación, la honestidad y la integridad. Yo era su esposa sólo cuando él necesitaba arreglar asuntos de papeles, pues de resto yo no sabía nada del dinero que entraba o salía de la compañía.

Pasamos 6 años sin aseguranza de salud. Mi hija tuvo una infección en un diente y lo perdió durante ese tiempo; hoy digo que fue mi responsabilidad, porque yo debí tomar decisiones; necesitaba que los taxes estuvieran en orden para mantener nuestro estatus. Todo esto estaba pasando, pero en lugar de resolver, yo decidí hacerme la víctima; yo debí haber parado desde hacía mucho tiempo, en lugar de alimentar mis esperanzas de que mi matrimonio se recuperaría... de que él cambiaría.

Cuando mi trabajo me dejaba algunas ganancias, yo llegaba feliz a mi casa, pero él sólo me decía que yo ganaba una miseria, y cuando ayudaba a personas que no tenían cómo pagar, me reprochaba diciéndome que yo no era la Madre Teresa de Calcuta, que la gente era muy malagradecida, que lo que yo hacía no tenía ningún sentido.

Él no entendía que yo no esperaba nada a cambio, ni mucho menos que la gente me lo agradeciera; yo lo hacía de corazón y sin expectativas de retribuciones materiales, porque ese tipo de servicio va más allá de nuestras estrechas miras terrenales.

Siempre nos aconsejan que hay que aceptar a las personas como son, pero también hay que pensar en la otra cara de la moneda: nadie merece batallar con los malos hábitos, vicios y malas costumbres de otra persona.

Muchas veces escuchamos a nuestras parejas prometiendo que van a cambiar; ese termina siendo un compromiso falso, porque solo te lo dicen para salir del paso, y lo afirmo con propiedad porque yo siempre me conformaba con eso, me cegaba a la realidad esperando algo que nunca iba a pasar. Nuestro grado de inconsciencia es tan grande que no nos damos cuenta del daño que nos hacemos a nosotros mismos y a nuestros seres más queridos.

Lo importante no es saber quién es el responsable, sino de qué se es responsable. Ambos teníamos la culpa, y yo asumo mi grado de responsabilidad, dejé pasar muchas cosas porque no quería que mis hijos se quedaran sin papá; abandoné mi esencia de mujer, porque el hecho de poner como excusa a mis hijos sólo significaba que yo estaba evadiendo mi responsabilidad.

En toda relación somos víctimas y victimarios; como mujeres, muchas veces nos menospreciamos, nos cuestionamos muchas cosas y terminamos asumiendo el papel de víctimas, preguntándonos:

—¿Acaso merezco esto? ¿Por qué, si le fui fiel hasta con el pensamiento? ¿Por qué me falló, si yo nunca le he fallado?

Ahora, yo me digo:

—Rosario… espera! ¿Acaso no escuchabas cuando todos te decían que te admiraban y que eras magnífica? Sólo tu marido no lo veía ni valoraba lo que estabas haciendo.

Me entristecía que él no me viera como la súper mujer, como me veían todos. Pero luego entendí que no era su culpa que no me viera así; yo era la que se estaba denigrando al permanecer con él, yo era la que no se quería a sí misma.

Ese es el error que todas cometemos, es aferrarnos a ellos y no querernos a nosotras mismas; no valorarnos y abandonarnos por completo, permitiendo que otra persona nos gobierne.

Muchas personas pasan por este tipo de situaciones, llegamos a un punto en el que no nos reconocemos, y dejamos que otra persona tome el control de nuestra vida. Todas nuestras inseguridades provienen de nuestras experiencias; de niña fui violada, y crecí pensando que nadie me iba a querer; por eso me aferré al supuesto amor de mi marido.

Terminamos copiando los patrones de nuestros padres, lo incrustamos en nuestros genes y lo seguimos propagando a las siguientes generaciones; por eso es tan importante saber cuándo parar y tomar la decisión de decir: ¡Ya basta!

Es la responsabilidad que tenemos como padres, ser un mejor ejemplo para nuestros hijos, enseñarles que cada ser es extraordinario por el sólo hecho de existir; nadie en el mundo merece ser despreciado y desvalorado. Tenemos que fortalecer nosotros mismos los valores familiares, encendiendo esa lumbre que irá haciéndose más intensa, llenando de calidez sus corazones.

Cliente: Perla Jésica Rubio

"Mi experiencia con la Dra. Rosario tiene ya unos cuantos años; comencé a tratarme con ella cuando comencé a tener problemas respiratorios y alergias; se me dificultaba mucho respirar, tenía congestionada la nariz, durante las

noches no podía respirar, y si lo hacía por la boca, se me resecaba. Por si fuera poco, comencé a sufrir de alergias, incluso por comidas que nunca antes me habían afectado.

Me puse en tratamiento con la Dra. Salgado; ella fue como mi salvavidas. Recuerdo que me sugirió unas pastillas, y enseguida sentí una descongestión en mi nariz; fue un alivio que no puedo describir.

Invito a las personas a ponerse en manos de la Dra. Rosario Salgado, porque ella trata las enfermedades de raíz, de donde vienen, no como la medicina regular, que solo te calman en el momento".

8. Renaciendo.

"Honra a la mujer que eres amándote
y respetándote cada día más"
Rosario Salgado

Ninguna convivencia es fácil, pues siempre que compartimos nuestra vida estamos entrando en un mar de contradicciones. Cuando decidí separarme de mi marido, él comenzó a decirme que yo lo estaba dejando por alguien más.

En realidad, ya no me importaba que pensara lo que quisiera, yo estaba tan cansada de esa relación que ni siquiera hubo necesidad de que hubiera alguien más para tomar esa decisión, pero en todo caso, si se trataba de pensar en que había alguien más, era él al final de cuenta el que me engañaba con mujeres de prostíbulo.

Lo estaba dejando por mí; por mi propio bien, ya que su sola presencia hacia que todos mis niveles de presión se alteraran, pues teníamos una relación altamente tóxica.

Nuestro matrimonio iba cayendo día a día con más fuerza. Además de las mentiras y las burlas, estaban los problemas legales, el proceso de migración. Cuando nos separamos yo me tuve que ir de la casa por unos días, a pesar de que él fue quien me engañó; él alegaba que era quien ponía más dinero; lo que no decía era que yo lo ayudaba en su taller sin ningún tipo de retribución económica. No me quedé con nada; una amiga me brindó su ayuda y me recibió por un tiempo en su hogar.

2017. El día que supe que mi esposo me estaba engañando discutimos tan fuerte que se me pusieron los ojos rojos y se me brotaron las venas por la presión; luego él se fue a la iglesia con los niños y yo me quedé en casa. Al día siguiente cuando desperté, empecé a sentir rigidez en las extremidades y vi que tenía problemas de coordinación; aun en este estado ,me fui a su negocio a trabajar, me recosté en un sillón. Él me llevó a la farmacia, me revisaron la presión y le dijeron que tenía que llevarme de inmediato a emergencia, porque estaba presentando una parálisis en el lado izquierdo del cerebro.

Él me llevó, y cuando llegamos al hospital me dejó en la puerta. Lo único que recuerdo es que di mi nombre y me desmayé.

Estuve dos meses hospitalizada; mi tiroides se descompensó por los niveles de estrés y me estaban creciendo coágulos en las piernas; esto era muy peligroso, porque podían llegar al corazón y terminar en una trombosis.

Un día mientras estaba en el hospital llegó una comitiva de doce doctores a mi cuarto para decirme que mi cuadro se estaba complicando, pues no estaban seguros de poder eliminar los coágulos; me estaban dando todos los medicamentos indicados, pero nada funcionaba.

Yo no tenía miedo de morirme; por el contrario, la idea me producía una tranquilidad y una paz que nunca antes había experimentado, y que hasta ahora no he vuelto a sentir. En ese momento entró a mi habitación un sacerdote que venía a darme los santos óleos, pero le dije que yo sabía que aún no era mi hora, me faltaba cumplir el propósito por el cual estaba en este mundo.

A los días, tome la desición de hacerme unos tratamientos holísticos: geoterapia, aromaterapia y homeopatía.

Los doctores decían que si lograba dar un paso me daban de alta. Me mentalicé, empecé a trabajar internamente, y así lo hice. Al poco tiempo me dieron el egreso del hospital, y una vez en casa me dediqué a mi recuperación a tiempo completo.

Poco a poco me fui levantando y reanudé todas mis actividades; sin embargo, esa no era la primera vez que casi moría por los pleitos con mi marido. Aprendí a sangre y fuego que quien no te da el valor desde el principio, no te lo va a dar nunca. La vida nos cambia constantemente: siendo derrotada aprendí a amar la dignidad.

Lo que he escrito hasta ahora no ha nacido de la nada, pero en la medida de mis limitaciones he tratado de no traicionar quien soy. Es difícil olvidar las transgresiones que desordenan el corazón, y yo definitivamente extravié mi sosiego en aquel amor, intenté defenderlo, pero en el fondo nunca estuve dispuesta a sacrificarme por él.

Me esforcé en comprender, pero la comprensión requiere olvidar, y todos sabemos que eso no es fácil.

Pasé mucho tiempo enojada, hasta con Dios; yo sentía que era cruel y despiadado conmigo por permitir que yo viviera todo ese mal; no entendía por qué permitía que todo eso me pasara.

Lo entregué todo, incluso mi propio ser, y me privé de mí misma para entregarme a los otros. Ni yo misma creía que iba a lograr ponerle fin; pensaba que al rato regresaría y volveríamos a repetir ese círculo vicioso, pero al mismo tiempo algo me decía que estaba cansada, que esta vez no era como las otras veces, cuando creía tener esperanzas...

Ésta vez estaba desilusionada, sentía que ya había perdido mucho tiempo, y ya era hora de empezar a valorar lo que me quedaba. No quería seguir desperdiciando mi vida.

Después de que mis hermanas me contaron aquel encuentro con mi marido en el sitio nocturno, decidí enfrentarlo y lo hice frente a mis hijos. Le dije que no le iba a poner una orden de mantenimiento de los niños en la corte.

Era evidente que a él no le importaba lastimarme, pero mi inseguridad no me permitía salir adelante; me asustaba no saber qué iba a pasar con mi vida, si iba a poder guiar a mis hijos por el camino correcto. Lloraba tanto que hubo días en los que no podía abrir mis ojos.

Finalmente, un día se encendió una lucecita dentro de mí, me di cuenta que desde que tenía uso razón, realmente nunca había dependido de él. Yo había pensado que él era un respaldo, pero eso no era así.

Empecé a comprender que ni siquiera estaba teniendo un compañero; él, sólo estaba para cubrir algunos gastos, pero el matrimonio es mucho más que pagar un alquiler. Él ni siquiera se ocupaba de los niños, no sabía quiénes eran sus maestros, no sabía cuándo eran las juntas, no sabía nada de ellos; ¿qué podía esperar para mí?

Los niños nunca tuvieron confianza de contarle algo a su padre, pues aunque estaba físicamente presente, su ausencia afectiva era cada vez más evidente.

Después de que nos separamos él seguía viviendo en la casa; ahora sí le interesaban sus hijos. Sabía cómo manipularme y hacerme salir de mis casillas, pero lo que más me molestaba era que se hiciera la víctima frente a los niños.

Tuve que hacer terapia tras terapia para salir del hoyo donde me encontraba; no había entendido que estaba lidiando con una persona sumamente ególatra y narcisista. Él sabía cómo manipularme, cómo hacerme sentir mal, sabía cómo hacerlo y lo hacía, me hacía llorar y se iba.

Todo se te va juntando hasta que un día explotas; yo me levantaba cada mañana con un gran peso, no lograba sentirme cómoda en mi propia casa. Cada jueves él desaparecía, y a los días llegaba, a veces tomado, y lo peor era que eso lo estaban presenciando los niños. Llegué a sentirme peor que cuando me violaron, con mucho más miedo y desesperanza; el sólo hecho de escuchar su voz me hacía sentir repugnancia.

Estaba consciente de que me encontraba sumergida en una rueda que giraba cada vez con más intensidad, pero yo seguía aferrada a ella para no desfallecer. Irónicamente, yo seguía motivando a las personas, convenciéndolas de que tenían que ser fuerte, mientras yo estaba completamente hundida. Tenía miedo de buscar ayuda; era muy difícil para mí contar toda la situación que estaba atravesando, y aunque poseía las herramientas, no sabía qué hacer, no sabía a quién pedirle ayuda, todo me daba demasiada vergüenza.

Durante aproximadamente 23 años estuve enfrentando una situación de violencia doméstica, con mucho daño emocional y psicológico. Nunca supe cómo contarlo o compartirlo; era algo que no podía controlar, hasta que un día me armé de valor, y en una de nuestras innumerables discusiones llamé a la policía.

Lo que hizo él, fue salir corriendo, pero antes le dijo a mi hijo que si algo le pasaba era culpa mía; entonces se puso en mi contra. Afortunadamente, el tiempo hace bien su trabajo, y todo cae por su propio peso.

Tiempo después, un día llegó uno de mis hijos mayores y me dijo que ya entendía por qué me había separado, su papá lo había llamado completamente borracho para que fuera a buscarlo en un prostíbulo. Y esto lo afecto tanto a mi hijo que cayo en depresión.

Fueron decepciones tras decepciones; él me rompió todo por dentro, y aun así siempre esperé unas disculpas sinceras que nunca llegaron. Fueron muchos días de tristeza y depresión, pero salí adelante.

Tengo 7 hijos, y cada día estoy más convencida de que son ellos quienes mantienen viva la llama de mi corazón. Si soy sincera, debo decir que he hecho muy poco por ellos, pero les prometí una vida sana por dentro y por fuera, y es lo que trato de garantizarles día tras día: cuando pienso en salvarme, es porque me resulta indispensable salvarlos conmigo.

Mi primer hijo es George, el hombrecito de la casa, tiene una personalidad muy tranquila, pero a la vez es bien directo, pues te dice las cosas como son, sin tantos adornos y sin importarle si te sentiste bien o mal; sólo te las dice. Tiene un corazón muy noble, es muy astuto y tiene grandes habilidades para las negociaciones.

Le sigue Anthony, con un corazón hermoso, pero muy enojón; tiene un carácter demasiado recio, un poco explosivo y volátil, pero detrás de todo eso se esconde una enorme nobleza. Le gusta tener metas y cumplirlas; triunfar está en su naturaleza.

Después está Katherine, mi princesita, tan tímida como inteligente y muy disciplinada; amante de la fotografía y de las artes en general. Mi mejor amiga y mano derecha.

A continuación, viene Jessie; es un niño muy maduro que siempre me ha dejado con la boca abierta, pues me ha enseñado cómo actuar en lugar de estar hablando tanto. Él simplemente toma acciones: a pesar de que apenas tiene 15 años, empezó a trabajar y ya tiene su negocio de landscaping con un amiguito; se encargó de remodelar su propio cuarto, compró su TV... Cuando era más chico era muy callado y reservado, y yo me preocupaba pensando que iba a ser un niño introvertido, que no iba a tener amigos, etc. Ahora me sorprende con su gran madurez, siempre centrado y enfocado en lo que quiere, sin dejar que nada de lo que pase alrededor lo desvíe de sus metas.

Luego viene Nicole, mi niña soñadora: noble, inteligente y muy extrovertida, tremenda y directa como nadie más. No le da la vuelta a las cosas, sino que te las dice y ya. Ella es como el dicho: ¡agárrate que ahí voy! Tiene alma de líder.

Después está Dieguito, mi niño de gran corazón, noble y soñador. Está en su etapa de YouTuber; siendo pequeñito él me abrazaba y me decía:

—Mami, cuando yo sea grande te voy a comprar million houses.

Empezó a trabajar con su papá y un Día de las Madres me dijo:

—Mamá, no te preocupes: soy yo el que va a pagar el desayuno.

Es bien atento y respetuoso, aunque también es travieso como cualquier otro niño; sin embargo, es muy organizado con el dinero.

Yo soy su caja fuerte; él me dice:

—Mamá, llevamos tanto y ahora te voy a dar a guardar tanto… Esta vez voy a gastar tanto, porque tanto es para tal cosa… Mi enfoque es comprarme esto, entonces no puedo gastar más que $10 hoy.

Y finalmente, mi adorable Lily, tranquila pero decidida y firme.

Ella fue la que me dejó sin palabras cuando me dijo:

—Mami, ¿por qué lloras tanto a mi papá? Mejor ve y búscate un Sugar Daddy… —Ella es más práctica, siempre anda diciendo que por qué se complican tanto los humanos, si la vida es felicidad.

A donde quiera que voy, siempre me preguntan:

—¿Cómo le haces con tantos niños

Le doy gracias a Dios por mis hijos; son tranquilos y respetuosos; como todos los niños, hacen sus travesuras y dicen sus genialidades, pero son nobles, centrados y de buen corazón. Todos sacan muy buenas calificaciones en la escuela, siempre con honores; yo no tengo que andar correteándolos, o diciéndole que se calmen; desde muy chiquitos les inculqué que respetaran, que obedecieran y valoraran todo a su alrededor, sobre todo, que se aceptaran a sí mismos.

Cliente: Rocío Guerrero.

"Conocí a la Dra. Rosario a través de una amiga; yo estaba sufriendo del estómago debido a la bacteria Helicobacter Pylori. También tenía una gran sensibilidad en mis senos; por otra parte, mi hígado y pulmones estaban

bastante débiles, pero todos estos inconvenientes fueron superados gracias a la intervención de la Dra. Salgado.

Ella me enseñó a mantenerme nutrida y saludable mediante licuados que me enseñó a preparar; también me ha hecho drenajes linfáticos. Ya tengo un buen tiempo sintiéndome mucho mejor, y le agradezco a la Dra. Salgado su gran apoyo. Es una gran mujer que habla siempre con la verdad y comparte toda su sabiduría con los demás".

9. Soltar y fluir

"Que tus sueños sean más grandes
y fuertes que tus miedos".

Rosario Salgado

Una de las cosas que me ayudó a soltar y fluir durante mi proceso de separación con mi exmarido fue enfocarme en ayudar a los demás mientras pasaba por ese luto.

Antes que sucediera esto de la pandemia del "Covid19", participe en un concurso en el consulado Mexicano en el condado de San bernardino en california, Ahí represente a una de las muñecas tradicionales de México (La muñeca Tanguyu), concurso en la que sorprendentemente fui la ganadora del primer lugar. Lo que más me enorgullece es que todo se realizó para beneficio de la fundación a la cual doy mi apoyo, "Junior Fundation Charities". Esta fundación se dedica a ayudar a familias que tienen niños con cáncer. Aún recuerdo cuál fue mi premio el cual será una pintura llamada: "Abundancia", la cual fue subastada a beneficio de dicha fundación, pero conservo el certificado por mi participación que me otorgó el consulado Mexicano y la gran pintora Maricruz Sibaja.

117

Yo seguí tomando mis terapias, usando medios de transporte como el metro, uber, taxis o lo que estuviera en mis posibilidades, ya que me había quedado sin carro.

Después surgió un concurso de belleza al que fui invitada para participar y en el cual la preparación duró 3 meses. Todo ese tiempo fue muy importante para mi proceso, ya que todo lo que implicó esta participación, resultó vital para sanarme y volver a confiar en mi.

Me ayudó mucho estar haciendo algo que me regresara a verme como alguien valiosa, además de sacarme del rol de dolor que esa etapa implicaba. fui ganadora de dos premios, uno como: La Señora más Exitosa y otro como: La Señora Elegancia.

Además de ser reconocida por la mayor de nuestra ciudad de Rialto california: Deborah Robertson como: "La mujer del negocio del mes de esta ciudad".

También poco a poco fui abriendo mis cuentas bancarias personales, agradezco mucho a la corporación *Chase* que me abrió sus puertas y ayudó mucho en la asistencia y guía que me brindó, cuando los demás bancos no lo hicieron.

Definitivamente esto me marcó muy fuertemente para dar un gran paso en mi sanación personal.

En este punto de mi vida he logrado comprarme un auto casi nuevo y doy también las gracias al dealer de Nissan quien confió en mí y apoyó en todo el proceso.

Estoy equipando poco a poco mi oficina con nuevas máquinas, con el apoyo de mis amigos y vecinos de oficina: Rafa, Sandra, Jessy y Wendy.

Cliente: Alexis Reyes Cervantes.

"Supe de la Dra. Rosario Salgado por recomendación de una persona cercana, y desde hace 2 meses estoy en terapia y tratamiento con ella. He tenido referencias de personas que han tenido problemas de salud que no han podido resolverse con otros métodos, y gracias a la Dra. Salgado han logrado superarlos.

Yo había comenzado a sentir un intenso dolor en los pies, sobre todo en las venas de mi pie izquierdo; llegó un momento en el que ya no podía ponerme mis zapatos, porque todo me lastimaba. También sentía que se me entumecían los brazos, y cada vez que comía, tenía malestar estomacal.

La Dra. Salgado me puso tratamiento para mejorar el colesterol alto y la circulación de la sangre, que se estaba comenzando a espesar, y eso hacía que me dolieran las venas.

Al poco tiempo de comenzar el tratamiento, empecé a mejorar; mis piernas dejaron de doler, y mis brazos ya no se entumecían ni dolían. También comencé a sentirme con más energía, y hasta me di cuenta de que podía descansar mejor. Me siento de maravilla.

¡Rosario Salgado es una doctora excelente!"

10. Crecimiento y Cambio

"El amor que te das está íntimamente ligado
al amor que recibes de los demás".
Rosario Salgado

Nadie tiene interés en hacerte daño ni busca herirte intencionalmente; eres tú quien lleva la herida, pero para vivir a plenitud es necesario dejar de escondernos de nosotros mismos y de los demás.

Si queremos sanar, debemos abrirnos y aceptar nuestras sombras; sólo así podremos saber en dónde necesitamos la luz. Sólo si sanamos podremos ayudar a otros a sanar.

Me daría mucho gusto ver a mi exmarido recuperado, pero lejos de mí; siento mucho pesar al ver el nivel de autodestrucción en el que ha caído. Unas semanas después de dejarlo empecé a manejar en la autopista; la fobia que él sembró en mí había desaparecido, y con ella el temor por pensar que en ese lugar podría chocar.

Ahora me siento orgullosa de mí; me hice una mujer más fuerte y más segura, me di cuenta de la magnífica persona que soy.

La vida es un ciclo que se repite; a lo largo de nuestra existencia pasamos por cosas similares, y muchas veces cometemos los mismos errores, ese es precisamente mi mensaje: al mostrarte mi vida, espero evitarte todo ese sufrimiento.

La vida es diversión; haz de ella una celebración, ¡y disfrútala!

Hay mucho amor a tu alcance, sólo tienes que dejarlo entrar.

Empieza por perdonarte a ti mismo... ¡te lo mereces!

Más que lo material, lo verdaderamente doloroso es el tiempo perdido, porque no se puede recuperar ni con todo el oro del mundo. El punto final es: o lo terminas, o sigues en lo mismo.

No importa el conocimiento que tengas, cuando entras al ojo del huracán, olvidamos que nuestra mente está hecha para servirnos, y empezamos a dejar que gobierne nuestras vidas. Es algo que te arrastra y te puede afectar muchísimo.

Esto no solo les pasa a amas de casa y mujeres comunes; también las mujeres que están formadas, que tienen su profesión, pasan por todo esto, y no lo hablan por miedo, por la vergüenza que la misma sociedad ha impuesto.

Lo que yo viví le puede pasar a cualquier mujer, desde el ama de casa hasta la profesional más instruida; en mayor o menor medida, todas pasamos por eso, pero la mayoría no lo hablan por vergüenza o por miedo. No es fácil verte en el banquillo de los acusados y que la gente te señale:

—¿Cómo es posible que a pesar de tener una carrera, conocimientos, educación y hasta prestigio, dejes que te pase algo así?

Yo me pregunto: ¿acaso porque tengas educación ya no puedes sentir, ya no puedes caer, ya no puedes flaquear? Todos esperan que seas la fuerte, la líder, la que está siempre dispuesta para todos los demás.

Hay innumerables mujeres que están viviendo historias similares a la mía, y sin embargo se muestran felices y optimistas, como yo lo hacía. Hay muchas mujeres que en este momento están viviendo agresiones por parte de sus parejas. Tenemos que estar conscientes de que existen límites de ambos lados, y para que exista armonía debemos aprender a respetar el espacio del otro, saber hasta dónde podemos dejarlo entrar, del mismo modo que debemos saber hasta dónde podemos entrar, para que no seamos ni invadidos ni invasores.

Esto era algo que durante mucho tiempo no supe cómo manejar, si yo era la doctora, la que sabía, la que daba consejos, la experta... ¿Cómo iba a hablar de lo que me estaba pasando?

Nadie se lo imaginaba; para quienes nos veían desde afuera, el mío era un matrimonio perfecto, teníamos una buena familia, que iba a la iglesia y servía a Dios.

Mi propósito con este libro es compartirte mi experiencia y que sepas que las mujeres no estamos solas, existen infinitas posibilidades para salir adelante, así que no hay necesidad de vivir un martirio que te carcome y te marchita. ¡Atrévete a crecer y convertirte en la maravillosa persona que estás destinada a ser!

Debemos poner atención; el viaje es largo y siempre resulta más seguro no emprenderlo, porque el camino es desconocido, y siempre nos intimida lo que no conocemos. El trayecto está lleno de riesgos; podemos sentirnos agraviados y tratar de encontrar a quien culpar por nuestras penas, o podemos afrontar y asumir esos retos y crecer.

Sé por experiencia que una de las bases para salir adelante es equilibrarnos y estar en armonía con nosotros mismos, pues ayudando a nuestra mente ayudamos a nuestro cuerpo, y viceversa.

Antes de descubrir este Universo de posibilidades, se me había caído el cabello y estaba calva, sufría crisis nerviosas y episodios de pánico, vomitaba de los nervios y me desmayaba. Ya bajé de peso, mi presión arterial mejoró, he superado la ansiedad y no uso fármacos; me visto como siempre me quise vestir, y sobre todo, puedo mirarme en el espejo y sonreír.

No estoy saliendo con nadie, porque no he sentido la necesidad de una nueva pareja; creo que para empezar una relación debo primero sanarme y cerrar los ciclos, pues repetir los mismos patrones con otras personas no es justo ni para nosotras ni para ellos.

Tal vez en un futuro me permita la experiencia, pero por ahora estoy dándome mi tiempo; disfruto ser independiente, tener mis propias iniciativas y hacer lo que me gusta. Sé que mis mejores años están por venir.

Todo tiene un propósito, y ahora lo entiendo; no lo vemos en el momento porque estamos en negación y frustración. Tenemos ese miedo que no nos deja ver ni disfrutar del ahora, pues la vida no es más que lo que te está sucediendo.

Para salir de esos laberintos necesitamos ejercitar la aceptación, ahora estoy planeando mi futuro, pero viviendo el presente.

No tengo prisa. Estoy tranquila, estoy sanando…

La vida es una celebración, haz de ella una diversión, ¡y disfrútala! Hay mucho amor a tu alcance, sólo tienes que dejarlo entrar; empieza por perdonarte a ti mismo… ¡Te lo mereces!

Ahora estoy planeando el futuro y viviendo el presente. En ese entonces ni siquiera vivía el presente, estaba totalmente perdida.

Un día, me senté y empecé a ver a los lados; me cuestioné muchísimas cosas: ¿Cuál es la batalla que estoy librando?

Estaba una vez más arrancando desde cero; acepta, eso fue lo más duro para mí, pero ahora estoy haciendo lo que me gusta, y al mismo tiempo sigo teniendo mis responsabilidades como madre.

A corto plazo quiero tener la base y el sistema de mi negocio, de qué voy hacer y cómo lo voy a proyectar. Me gustaría desarrollar un sistema de franquicias con diferentes locaciones para poder ayudar a más personas, que nuestro mensaje se pueda propagar a una población más amplia; que se sientan libres, saludables tanto física como mentalmente; que nuestras clientas estén tranquilas, siendo felices y libres.

Las personas obesas a veces no avanzan en su tratamiento porque no es la comida lo que los engorda, sino su estado depresivo.

Perdemos muchas cosas cuando nos sometemos a un desgaste emocional con el objeto de convencerse a sí mismo de que pueden salvar una unión. No siempre estas relaciones nocivas son con tu pareja; pueden ser con tus amigos, tus compañeros de trabajo y hasta con tu familia. Toda nuestra energía es absorbida y nos agotamos.

Traemos mucha energía negativa desde que estamos en el vientre de nuestra madre; viene en tus genes o es absorbida por medios de agentes externos como peleas, tristezas, inseguridades, entre otros. Todas esas emociones se te clavan en el subconsciente y rigen gran parte de tu comportamiento.

Cuando sufrimos de un fuerte estrés nos deprimimos y debilitamos en todos los aspectos. Muchas veces, las personas no saben cuál es la razón fundamental de sus enfermedades más graves; no se dan cuenta que lo que padecen está fuertemente ligado a su estado emocional.

Nosotros como seres humanos somos valiosos, porque somos seres perfectos hechos por el Creador del Universo. Conforme crecemos, vamos perdiendo esa perfección; desde pequeños vivimos cosas que nos hacen perder lo extraordinario que somos; pasamos por situaciones de enojo, como una pelea de hermanos, o de chiquito lloras y nadie te da atención, cuando crecemos nos peleamos con nuestros amiguitos y hacemos cosas para llamar la atención.

Reflejamos nuestras emociones a través de nuestras enfermedades; todo esto está ligado a las situaciones que vivimos a lo largo de la vida.

Para ayudar a alguien es muy importante hacerle recordar los momentos y situaciones detallados, para que reconozca que fue lo que le afectó. Todos los detalles son fotos que se guardan en nuestro subconsciente y esto hace que nosotros a lo largo de nuestra vida reaccionemos de ciertas maneras. No existe una pastilla milagrosa, la cuestión es tener una buena actitud ante las adversidades para conseguir un equilibrio saludable.

Hay momentos en mi vida en los cuales no había nada de alegría, pero a lo largo de ella he intentado ver lo bueno. Cada nacimiento fue una alegría, ¡y tengo 7 hijos!

Cuando me fui de mi casa, no tenía más que un colchón en el piso; hoy estoy moviéndome a mi nueva casa. Fue un reto el encontrar mi nuevo hogar, pero ahora ya me estoy comprando mis propias cosas.

No es que sea una persona diferente, sino que, por fin, ¡soy yo!

El primer paso ha sido organizarme, pues hubo un tiempo en que caí en depresión y se hizo en mí un desorden, así como estaba mi vida, estaban mis cosas.

Como decía una señora en mi pueblo natal, ahora ando como cucaracha en quemazón: ¡corriendo todo el día! Me levanto a las 4:30 de la mañana, desayuno, hago ejercicios con mi hija Katty en el gimnasio durante 1 hora y regreso a mi casa; tomo un baño, llevo a los niños a la escuela y regreso para hacer un poco de limpieza.

Preparo las cosas con la ayuda de mi hija para la comida y organizo mi día: a las 10:00 de la mañana salgo para la oficina; llegando reviso la agenda y hago las llamadas telefónicas pendientes.

Con todas mis redes sociales llevo una rutina: reviso mi cuenta de Facebook, WhatsApp, LinkedIn, Instagram, Tick

Tock, Youtube, Podcast; así puedo ponerme al día y ver qué está ocurriendo a mi alrededor, en mi área. Esto es bien importante, porque así me doy cuenta de las necesidades del público y de las últimas tendencias en este ramo.

Después de la jornada de trabajo y de recoger a mis niños de la escuela, regreso a mi casa y nos consentimos, de vez en cuando vemos una película o vamos a caminar para recibir un poco de aire a cielo abierto. Cuando puedo, preparo algo rico de comer para la cena, y cuando no, mi hija me ayuda; veo qué necesidades tienen mis hijos con la escuela, reviso si cumplieron con sus tareas, decido qué se va a comer para el otro día.

Cuando ya se van a la cama, me dedico a ver los pendientes del trabajo: Responder correos, estudiar propuestas, etc., pero sobre todo, dedico un tiempo para meditar por unos minutos y agradecerme a mí misma por mi día.

Así son prácticamente todos mis días, desde que decidí casarme con el éxito, mi paz y la prosperidad.

Aun cuando estamos siendo afectados en estos días 2019-2022, con la pandemia mundial del Covid-19 y las reelecciones presidenciales, espero en Dios celebrar mi cumpleaños número 43 acompañada de todos mis seres amados.

Paciente: María Berta Jiménez.

"Estoy en tratamiento con la Dra. Rosario desde hace aproximadamente 9 meses; llegué hasta ella por recomendación de mi hija y varias personas cercanas a mí. Mis riñones no estaban funcionando bien, y en ese momento ya me había convertido en candidata para diálisis, y los tratamientos convencionales ya no podían hacer nada por mí.

La Dra. Rosario me sugirió algunos productos, y además me indicó un plan de nutrición balanceado; me enseñó a cómo cocinar, evitando las harinas, las grasas y los azúcares.

Desde que comencé este nuevo tratamiento, mis niveles están mucho mejor; incluso, mi médico de siempre se sorprendió, porque mis riñones literalmente habían resucitado. Gracias a la Dra. Rosario Salgado, ya pude olvidarme de la diálisis".

PARTE III

La Medicina Natural

Como su nombre lo indica, la medicina natural parte de un hermoso principio: El cuerpo humano es equilibrio; por ello, este enfoque de la salud se basa principalmente en potenciar las capacidades de autocuración que tenemos los seres humanos.

Según este enfoque, la enfermedad es causada por una disminución de la vitalidad, por la intoxicación de la sangre o la intoxicación de la linfa; es por eso que nuestro organismo emplea sus propios mecanismos fisiológicos (diarrea, la inflamación y fiebre, entre otros) como estrategias para recuperar el equilibrio.

A través de métodos naturales y holísticos, la medicina natural nos permite restablecer la armonía natural de nuestra salud física, emocional y mental, aumentando nuestra calidad de vida, sanando y previniendo las enfermedades por medio de una alimentación sana y balanceada, sumada al ejercicio físico y a un estilo de vida saludable.

El profesional de la medicina natural o naturópata procura enfocarse en la persona, y no en la enfermedad; indaga en las causas, no en los síntomas, utilizando el poder curativo de la naturaleza para restaurar el equilibrio sin dañar al paciente, entendiéndolo como un ser holístico (cuerpo-alma-mente).

La medicina natural tiene bases científicas; este tipo de abordaje de la salud incluye diversas modalidades de diagnóstico, como exámenes físicos, pruebas de laboratorio, evaluaciones nutricionales y dietéticas, radiografías y otras.

Entre los inconvenientes de salud que pueden ser tratados mediante esta disciplina, se encuentran las afecciones agudas, como dolores de cabeza, dolor de garganta, infecciones de oído, resfriados y gripes, pero también enfermedades crónicas como migrañas, dolor musculo-esquelético, problemas gastrointestinales, ginecológicos y de fertilidad, artritis y enfermedades cardíacas, así como problemas mentales y emocionales, tales como el estrés, la ira, la depresión o la ansiedad.

Aunque sus orígenes son tan antiguos como la humanidad, la medicina natural cobra cada vez más importancia en la actualidad, debido a la necesidad cada vez mayor de encontrar la ruta de regreso a la sabiduría ancestral que comprendía al ser humano como un individuo en perfecta armonía consigo mismo y con el entorno.

Los tratamientos enfocados desde esta perspectiva incluyen trasformaciones en el estilo de vida, basadas en prácticas cotidianas más armoniosas desde el punto de vista energético, las cuales se activan principalmente eliminando las toxinas y estimulando el sistema inmune, reforzando las defensas orgánicas equilibrando el fluido vital.

Otro aspecto importante de la medicina natural es que involucra al paciente, haciéndole consciente de su proceso y responsable de su salud, dándole las riendas de su propia sanación.

Para la medicina natural, la salud no es un estado absoluto, sino un proceso que requiere responsabilidad y conciencia individual, sólo que esta no se adquiere por las vías convencionales, pues estamos sujetos a los patrones socialmente aceptados, que dan protagonismo a la medicina alopática o convencional, basada en el tratamiento de los síntomas físicos mediante fármacos.

En cambio, la naturopatía implica tomar consciencia de forma holística de todos los factores que intervienen en el concepto integral de salud y bienestar, y que van más allá de las manifestaciones físicas de la enfermedad.

Los patrones que generan un estado saludable se convierten en hábitos que definen un estilo de vida, en lugar de ser únicamente tratamientos puntuales. En otras palabras, el comportamiento saludable puede aprender, y debe implementarse cada día mediante actos concretos.

Según las antiguas tradiciones, lo que se manifiesta afuera es lo mismo que ocurre adentro; al tratar la salud física, automáticamente estamos equilibrando al mismo tiempo nuestra salud mental y espiritual.

De esta manera, la medicina natural nos ayuda a combatir la ansiedad, el estrés y la depresión, permitiéndonos enfrentar de manera más eficiente nuestra vida cotidiana.

Para optimizar los resultados de las terapias basadas en los principios de la naturopatía, es fundamental mantener una adecuada actividad física mediante el movimiento, desde caminar o subir y bajar escaleras, hasta programas de ejercicios especializados; estar activos nos beneficia tanto física como mental y emocionalmente.

También es importante la calidad de lo que ingerimos, incluyendo la ingesta de líquidos. Debemos vigilar la procedencia y la pureza de nuestros alimentos.

De igual manera, los períodos de descanso y recarga deben ser respetados, y esto incluye las horas de sueño, descanso laboral, recreación y ocio. Durante estos lapsos, las células de nuestro organismo se regeneran y se reducen significativamente los niveles de estrés.

Se puede decir que nuestra salud es un reflejo de nuestro entorno; no solo nos afecta la calidad del medio ambiente (el aire que respiramos, el agua que ingerimos, los alimentos que consumimos), sino también nuestras relaciones: familia, compañeros, amigos. Todos nos influenciamos mutuamente, y en ese sentido podemos impulsar o contaminar el espacio existencial del otro.

Finalmente, pero no menos importante, es la actitud ante la vida. Una persona sana logra conectarse de forma constructiva con su propósito, gracias a que ha establecido una relación armoniosa consigo misma; es así como la salud del cuerpo se traduce en una mente sana y en trascendencia espiritual.

Una de las actitudes más beneficiosas y saludables en un sentido amplio es la gratitud, ya que nos permite encontrar los aspectos positivos en cualquier momento y situación. Agradecer nos pone a vibrar en una frecuencia positiva que contribuye a equilibrar nuestra mente, y de esa manera sana también nuestro cuerpo físico.

Las personas que cultivan hábitos de vida saludables logran generar una capacidad mayor de respuesta ante las circunstancias, y esto a su vez repercute en un mayor equilibrio en su vida en general.

Consejos Y Recomendaciones Saludables

Tips para ayudarte a equilibrar cuerpo, mente y alma, enfocados en el proceso de perder peso.

A la hora de que nosotros queremos consumir nuestras frutas, éstas deben ser consumidas completamente para aprovechar sus nutrientes. Una recomendación es que la fruta sea consumida antes del plato principal, debido a las enzimas que traen las frutas, y que ayudan al proceso de digestión.

A la hora de que estén haciendo jugoterapias para el proceso de control de peso se recomienda el consumo solamente de una fruta, porque el nivel de glucosa se eleva y esto hace que la persona en vez de bajar de peso, por el contrario, suba más.

Ayudar a desintoxicar el organismo por medio de una desparasitación; muchas mujeres han encontrado que cuando están en el proceso de bajar de peso perciben un bloqueo en esa etapa, entonces muchas de ellas se han beneficiado con este tipo de ayuda al desparasitar su cuerpo. Una de las recomendaciones en este punto es que, si pueden desparasitarse, junto con una desintoxicación de candidiasis, esto les va a brindar un mayor beneficio, puesto que una de las posibles razones son los parásitos, ya que son estos los que se están alimentando. La cándida se puede estar alimentando y se abulta más el estómago.

Ayudar a lo que es la microbiota de nuestros intestinos, apoyar a nuestro sistema intestinal con una buena ingesta de prebióticos y probióticos; las cápsulas de estos deben ser de 33 billones hacia adelante; esto va ayudar a contrarrestar los parásitos malos que habitan en nuestro organismo.

El tipo de café que puedes consumir debes buscarlo como Pero Instant Natural Beverage.

En un cuerpo ácido es más difícil que una persona baje de peso, el metabolismo baja y se bloquea; una de las maneras de ayudarlo a estabilizarse es evitando consumir alimentos ácidos.

Se hace importante tener en cuenta el tipo de azúcar que se está consumiendo, puesto que este se convierte en una de las herramientas que nos ayudan a tener una ingesta más baja de calorías. El recomendado es el Whole Earth Organic Erythritol en vez de la Stevia.

El consumo adecuado de las grasas buenas es importante a la hora de querer ayudar a nuestro organismo a perder peso; una sugerencia es obtener nuestras grasas a través del aceite que sea consumido en frío, nunca quemados a fuego; ningún aceite debe ser pasado por fuego porque se convierte en grasa saturada.

Es importante recalcar la forma en que se deben consumir las grasas; uno es el aceite de oliva extra virgen prensado en frío. La forma de cómo se sugiere consumirlo es en la ensalada como aderezo, en sus pastas en el momento en que las sirven se rocía una cucharadita en el aceite de oliva. Lo ideal es agregarlo al momento de servir los alimentos. Es importante que sepa de que así se cocine con el mejor aceite, el cual es el de Oliva, si este se pasa por calor pierde sus propiedades nutricionales y se convierte en aceite malo para el organismo.

Sustituir las comidas fritas con aceites por una manera más saludable de cocinar por medio de un sofrito. La diferencia del sofrito va a ser evitar saturar nuestras venas con grasa mala, evitando futuros infartos y ayudando a bajar de peso. La forma en cómo se sugiere el sofrito es: A la hora de cocinar, poner una sartén al fuego, una vez que ya está caliente la sartén, introducir una o dos onzas de agua, esperar cuando el agua está bombeando, es cuando se introduce lo que va a cocinar ya sea unos huevos, un bistec o verduras. Es con la misma grasa de la carne, por ejemplo, la del salmón, con la cual va a cocinarse por completo, y de esa forma se evitará el consumo excesivo de grasas saturadas.

Te invito a que cada vez que te sientas perdida, confundida, triste, enfoques tus energías en alguna actividad o proyecto que te ayude a desenfocarte de aquello que te perturba, hay sueños que a veces olvidamos y que hay que retomarlos, esto será una herramienta que te ayudará a sacar lo negativo, no importa cuál sea esa actividad o proyecto, no importa cual grande o pequeño sea el avance que des en ello, te aseguro que te ayudará y dará confianza para reconocerte y seguir adelante.

Atte. Tu amiga: Rosario Salgado.

San Bernardino, California, 5 de Marzo de 2020.

Contáctanos:

Oficina: + 1 (909) 472-1425

E-mail: natureslimspa@gmail.com

Encuentranos en nuestras redes sociales como:

 NatureSlimSpa

 @NatureSlimSpa

 @NatureSlimSpa

 NatureSlimSpa

 NatureSlimSpa

Made in the USA
Middletown, DE
21 February 2022

61444046R00090